TROIS SYSTÈMES

DE

GOUVERNEMENT.

DE L'IMPRIMERIE D'A. PIHAN DELAFOREST,

RUE DES NOYERS, N° 37.

DES TROIS SYSTÈMES DE GOUVERNEMENT

DE LA

SOUVERAINETÉ DU PEUPLE

DE LA

QUASI-LÉGITIMITÉ ET DE LA LÉGITIMITÉ

L'union du peuple fait son bonheur.

Par le baron EUGÈNE DE BRAY.

Paris,

CHEZ A. PIHAN DELAFOREST,

RUE DES NOYERS, N° 37.

1832.

SOMMAIRE.

Pages.

AVANT-PROPOS.

AVANT-PROPOS.

Le bonheur et la prospérité de la France ayant été, dans tous les temps, l'objet de mes voeux, j'ai cherché quel système de gouvernement pouvait satisfaire les besoins légitimes de la société.

Cette recherche, à laquelle je me suis livré particulièrement, depuis 1825, en remontant des effets aux causes et en prenant l'expérience pour guide, me semble digne de l'intérêt des hommes sages, dans tous les rangs de la société.

Je les invite à examiner avec moi :

Le principe, les conséquences et les développemens des trois systèmes de la souveraineté du peuple, de la quasi-légitimité et de la légitimité ;

Et à comparer les résultats de ces trois systèmes, pour reconnaître celui qui peut garantir les libertés publiques, rétablir la confiance, et réconcilier les Français avec eux-mêmes et avec l'Europe.

DES TROIS

DES TROIS SYSTÈMES

DE

GOUVERNEMENT,

DE LA SOUVERAINETÉ DU PEUPLE, DE LA QUASI-LÉGITIMITÉ ET DE LA LÉGITIMITÉ.

« Les nations sont une agrégation de familles, « qui est formée pour l'utilité commune (1). » Les nations doivent donc être considérées et dirigées comme de grandes familles ; et le bonheur, la prospérité et la puissance des peuples, de même que des familles, dépendent de leur union ; ou, en d'autres termes, de l'unité des principes, des vues et des volontés ; mais cette unité n'existe que lorsque *la justice* est le principe du gouvernement, et que les intérêts particuliers des individus sont subordonnés à l'intérêt général de la société.

Les lois peuvent déterminer la nature et l'étendue des sacrifices que chaque individu doit faire à l'intérêt général ; mais ces lois ne sont respectées qu'autant qu'elles sont fondées sur des vérités ou principes immuables, et que *le système du gou-*

---

(1) *De la République*, par Cicéron.

vernement est la conséquence et le développement de ces vérités : car s'il s'en écarte, l'union des citoyens disparaît, et leurs divisions font naître les abus, les désordres, l'arbitraire, l'anarchie et la tyrannie. C'est ainsi que les divisions du peuple font son malheur, et causent tôt ou tard sa ruine.

La vérité de ces assertions est justifiée par l'histoire de tous les peuples.

Si l'on recherche quel système de gouvernement, ayant pour base des vérités immuables, peut cimenter et entretenir l'union des Français, on se rappellera qu'une lutte existe en France entre trois systèmes.

L'un a pour base la souveraineté du peuple;

Le second, la quasi-légitimité;

Le troisième, la légitimité.

Nous examinerons le principe, les conséquences et les développemens de ces trois systèmes, et nous les comparerons l'un à l'autre, afin qu'on puisse reconnaître celui qui est fondé sur un principe vrai, et qui par conséquent peut faire cesser les divisions des Français, et assurer leur bonheur et leur prospérité.

SYSTÈME DE GOUVERNEMENT QUI A POUR BASE LA SOUVERAINETÉ DU PEUPLE.

Principe de ce système.

Le peuple seul est souverain.

Son pouvoir et sa liberté sont illimités et imprescriptibles : ils résultent de sa force.

La force du peuple est *sa suprême loi.*

Conséquences de ce système.

Le pouvoir et la liberté appartiennent à qui sait s'en saisir. Tous les peuples sont appelés à conquérir l'un et l'autre; et cette double conquête doit faire leur *bonheur.*

Le bonheur de l'homme consiste à jouir d'une *liberté illimitée.* L'homme doit pouvoir satisfaire ses besoins, ses désirs et ses passions, et l'on ne peut restreindre l'usage de la liberté, sans attenter aux droits du peuple.

Le peuple étant seul souverain, tous les fonctionnaires publics (dans l'ordre administratif et judiciaire, dans l'armée et dans les finances) doivent être les mandataires du peuple... *L'élection à toutes les places* est donc la conséquence nécessaire du principe de la souveraineté du peuple.

« *Les dépositaires du pouvoir ne sont point les*
« *maîtres du peuple, mais ses officiers. Il peut les*
« *établir et les destituer quand il lui plaît;* il
« n'est point *question pour eux* de contracter,
« mais *d'obéir; et, en se chargeant des fonctions*
« *que l'Etat leur impose, ils ne font que remplir*
« *leurs devoirs de citoyens*, sans avoir en aucune
« sorte le droit de disputer sur les conditions.

« *Quand* donc il arrive que *le peuple institue*
« *un gouvernement héréditaire*, soit *monarchique*
« *dans une famille*, soit aristocratique dans un
« ordre de citoyens, *ce n'est point un engagement*
« *qu'il prend; c'est une forme provisionnelle qu'il*
« *donne à l'administration*, jusqu'à ce qu'il lui
« plaise d'en ordonner autrement.

« Il est vrai que ces changemens sont toujours
« dangereux, et qu'*il ne faut jamais toucher au*
« *gouvernement établi que lorsqu'il devient incom-*
« *patible avec le bien public;* mais *cette circons-*
« *pection est une maxime de politique et non pas*
« *une règle de droit;* et l'*État n'est pas plus tenu*
« *de laisser l'autorité civile à ses chefs, que l'au-*
« *torité militaire à ses généraux.*

« *L'ouverture des assemblées périodiques*, qui
« n'ont pour objet que le maintien du traité social,

« *doit toujours se faire par deux propositions*
« *qu'on ne puisse jamais supprimer, et qui passent*
« *séparément par les suffrages.*

« La première, s'il plaît au souverain de con-
« server la présente forme de gouvernement.

« La seconde, *s'il plaît au peuple d'en laisser*
« *l'administration à ceux qui en sont actuellement*
« *chargés.*

« *Il n'y a dans l'État aucune loi fondamentale*
« *qui ne se puisse révoquer,* même le pacte social.»
(*Contrat Social*, chap. VIII.)

Le droit de demeurer, de voyager, de parler, d'écrire, d'instruire, d'imprimer et de publier ses opinions constitue la liberté individuelle, la liberté des cultes, la liberté d'enseignement et la liberté de la presse.

Telles sont les conséquences du principe de la souveraineté du peuple, principe du gouvernement que la révolution de juillet 1830 a donné à la France.

Développemens de ces conséquences.

L'élection à toutes les places étant la conséquence de la souveraineté du peuple, tous les individus qui composent la nation devraient participer aux élections.

Ainsi, dans une nation de 32 millions d'ames,

tous les régnicoles devraient élire le mandataire du peuple, et déclarer s'ils en font un consul, un président, un roi, un empereur ou un dictateur; et s'ils confèrent ce titre pour une ou plusieurs années, ou s'ils veulent qu'il soit à vie ou héréditaire. Mais, dans tous les cas, ce mandataire reste justiciable du peuple... N'oublions pas que, « lorsque « le peuple institue un gouvernement héréditaire « dans une famille, soit aristocratique dans un « ordre de citoyens, ce n'est point un engagement « qu'il prend ; c'est une forme provisionnelle qu'il « donne à l'administration, jusqu'à ce qu'il lui « plaise d'en ordonner autrement... L'Etat n'est « pas plus tenu de laisser l'autorité civile à ses « chefs que l'autorité militaire à ses généraux. » (*Contrat Social*, chap. VIII.)

Quant à l'élection des pairs ou sénateurs, des députés, des administrateurs, des magistrats, des officiers de la garde nationale et de l'armée et des fonctionnaires chargés de l'assiette et du recouvrement des impôts;

L'élection des pairs ou sénateurs et des députés devrait être faite dans chaque département ou province, ou arrondissement, par tous les individus qu'ils doivent représenter ;

L'élection des administrateurs, par tous les individus qu'ils doivent administrer ;

L'élection des magistrats, par leurs justiciables ;

L'élection des sous-officiers et des officiers de compagnie de garde nationale et de l'armée, par tous les individus qui composent la compagnie ;

L'élection des officiers supérieurs et d'état-major de légion et de régiment, par tous les gardes nationaux ou militaires qui composent la légion ou le régiment ;

Les élections de maréchaux-de-camp, par tous les militaires composant la brigade ;

L'élection des lieutenans-généraux, par tous les militaires composant la division ;

L'élection des maréchaux de France, par tous les militaires composant les divisions qui auraient le droit de choisir un maréchal ;

Enfin l'élection des fonctionnaires publics chargés de l'assiette et de la perception des impôts, par tous les individus composant le département, l'arrondissement, les communes ou la commune dans lesquelles ces fonctionnaires ont des devoirs à remplir...

Nous ne faisons pas mention de l'élection des ministres, parce que ceux-ci sont les délégués du chef de l'Etat ou mandataire général du peuple ; mais, d'ailleurs, dès que le peuple est représenté par une ou plusieurs assemblées délibérantes, le chef de l'Etat ne peut prendre ses ministres que parmi les hommes qui lui sont désignés par la majorité de ces assemblées.

En effet, soit qu'une ou plusieurs chambres possèdent le pouvoir législatif, ou soit qu'elles le partagent avec le chef de l'Etat, celui-ci étant le justiciable du peuple et, par le fait, de ces deux chambres, il ne peut prendre pour ministres que des hommes qui leur soient agréables; car ces chambres pourraient, au nom du peuple, suspendre le chef de l'Etat, et demander sa révocation... Alors tous les régnicoles devraient être appelés dans l'assemblée générale de la commune où ils ont leur domicile réel, pour approuver ou infirmer par leurs suffrages la suspension et la révocation du chef de l'Etat... Et dans le cas où la majorité de la nation aurait approuvé cette révocation, tous les régnicoles devraient procéder dans les assemblées communales à l'élection d'un nouveau mandataire.

Quant au nombre des suffrages pour former la majorité des assemblées communales, des colléges électoraux et des deux chambres, ces suffrages doivent être d'autant plus nombreux que les individus investis, par leur élection, du mandat de concourir à l'administration ou de participer à la puissance législative, doivent représenter l'opinion universelle, ou au moins *l'opinion de la pres-*

que unanimité des Français; or, le gouvernement qui se dit fondé sur le principe de la souveraineté du peuple, et par conséquent sur l'immense majorité des citoyens, serait fondé au contraire sur la minorité des Français; et les mots *souveraineté du peuple exprimeraient* une *déception* et un *mensonge*, si la majorité des électeurs ne représentait qu'une fraction du peuple, et à plus forte raison si *la majorité de la chambre des députés avait été élue par la minorité des électeurs* inscrits sur les listes électorales, *et néanmoins prétendait*, *au nom du peuple*, *exercer l'autorité souveraine*.

La liberté individuelle existe, quand les dépositaires du pouvoir et les lois ne s'immiscent pas, ou ne permettent pas de s'immiscer dans la conscience de l'homme, en lui prescrivant une religion ou en exigeant un serment;

Quand ils respectent la discipline et les dogmes religieux, et ne prétendent ni les modifier, ni les interpréter;

Quand ils font jouir tous les cultes d'une égale liberté, et les protègent également;

Quand ils n'ordonnent pas et ne laissent pas faire de visites domiciliaires, des perquisitions, des saisies et des arrestations arbitraires; et de même quand ils n'ordonnent et ne laissent pas faire des dévastations et piller des propriétés;

Quand ils ne mettent point d'entraves à la faculté de voyager ; et surtout lorsque le garde national ou le militaire qui tire sur son semblable, hors le cas de sommation légale, est poursuivi devant les tribunaux, et condamné comme assassin.

La liberté d'enseignement existe, quand les dépositaires du pouvoir et les lois ne restreignent pas l'usage de cette liberté, et qu'en conséquence les lois ont aboli le monopole de l'enseignement et les rétributions universitaires.

Enfin *la liberté de la presse existe*, lorsque les dépositaires du pouvoir et les lois ne mettent point de bornes à cette liberté, et qu'alors tous les citoyens peuvent avoir des presses, et imprimer et publier leurs pensées, sans être exposés à aucune condamnation corporelle ni pécuniaire.

Voilà les développemens naturels des conséquences du principe de la souveraineté du peuple ; mais tels n'ont pas été les résultats de la révolution de 1830 !

Les résultats de la révolution de juillet sont contraires au principe de la souveraineté du peuple.

Ainsi, quoique le peuple soit seul souverain, et que le peuple se compose de tous les habitans, le gouvernement a fait exclure des collèges électoraux les savans, les propriétaires, les industriels, les artistes et les rentiers qui paient moins de 200 fr. de contributions directes.

La société ne peut se passer d'ouvriers et de domestiques. Ces classes sont utiles et nombreuses... Elles n'acquittent point, il est vrai, des impositions directes ; mais elles sont assujéties à toutes les contributions indirectes. Elles concourent au service militaire, et versent leur sang pour la défense et l'honneur de la patrie ; et cependant elles ne participent à aucune élection !

D'après la loi du 15 avril 1831, la France (qui a 32 millions d'habitans) ne compte qu'environ 130 mille électeurs. Mais les députés actuels n'ayant obtenu généralement que les suffrages du tiers des électeurs inscrits, c'est-à-dire, de 40 à 50,000 Français, *la majorité de la chambre des députés*, lorsqu'elle n'est que de quelques voix, et, à plus forte raison, d'une ou deux voix (en outre de la moitié des députés élus), ne représente réellement que les 30 à 32,000, et peut-être les 24 à 26,000 électeurs qui l'ont élue.

32,000 ne sont que $\frac{1}{1000}$ } de 32 millions d'habitans;
et 26,000 que.... $\frac{8}{10000}$ }

et néanmoins cette prétendue majorité, d'un millième, ou de huit dix millièmes de la population (sans l'avoir consultée et sans avoir reçu d'elle des mandats spéciaux), se prétend le droit de changer le principe et la forme du gouvernement, les lois fondamentales, les institutions, la législation de l'État; et de détrôner, d'élire et de déposer des rois (1)!

Le gouvernement actuel ne représentant donc que la minorité des Français, n'est pas fondé

---

(1) Dans la chambre des députés de 1830, 219 *députés qui représentaient à peine* 32,000 *électeurs*, c'est-à-dire un millième de la population (et qui avaient été nommés par les collèges électoraux convoqués par Charles X), *ont prononcé, au nom de la France, la déchéance de trois générations de rois, ont changé la charte et élu roi le duc d'Orléans;* et 89 pairs ont adhéré à ces actes de la chambre des députés!... Depuis, ces mêmes chambres et le roi des Français ont fait une loi qui considère comme un délit politique toute attaque contre les droits que *Louis-Philippe* tient de la volonté du peuple.

Cependant la chambre de 1830 avait déclaré qu'elle ne tenait les pouvoirs constituans que de l'urgence des circonstances! Or, la volonté du peuple a-t-elle pu se manifester *légalement* par le suffrage de 219 députés (sur 430), et de 89 pairs (sur 360)??

Ces réflexions ont été faites dans plusieurs journaux révolutionnaires qui réclamaient la sanction de la France, et les conséquences et les développemens du principe de la souveraineté du peuple.

réellement sur le principe de la souveraineté du peuple.

Cette souveraineté du peuple n'existe pas en France! et cependant elle y a été proclamée par la chambre des députés de 1830 ! elle est devenue le principe de la nouvelle charte, et elle a été reconnue par Louis-Philippe!

Qui donc a pu porter la chambre des députés,

1° A mettre à l'exercice des droits électoraux des conditions qui réduisent le nombre des électeurs à environ 130,000, nombre inférieur à 4 millièmes de la population ;

2° A exiger des électeurs et des gardes nationaux un serment qui est une violation manifeste du principe de la souveraineté du peuple et de la charte de 1830;

3° A conserver un système de majorité d'après lequel tous les députés réunis peuvent n'avoir obtenu qu'environ 44,000 suffrages (qui ne sont que les 14 dix millièmes de la population), et la majorité de la chambre des députés peut ne représenter que 26,000 Français (c'est-à-dire les 8 dix millièmes de la population);

Enfin, 4° à restreindre, et même à violer la liberté individuelle, la liberté des cultes, la liberté de l'enseignement et la liberté de la presse; conséquences de la souveraineté du peuple qui ont été garanties par la charte du 7 août 1830.

Nous allons indiquer les motifs de la révolution de 1830.

1o « Pourquoi la chambre de 1830 a mis, à l'exercice des « droits électoraux, des conditions qui réduisent le nombre « des électeurs à 130,000 (nombre inférieur à 4 millièmes « de la population ?) »

La révolution de 1830 a été le résultat de la conspiration des sociétés secrètes qui, depuis quinze années, s'étaient organisées dans presque toute la France.

Ces sociétés s'étaient formées de Républicains et de Buonapartistes, auxquels s'affilièrent des Orléanistes et des Doctrinaires.

Le but de ces divers partis était différent : les uns travaillaient pour la république, d'autres pour un changement de dynastie; ceux-là pour le jeune Napoléon, ceux-ci pour le duc d'Orléans ; enfin les doctrinaires désiraient la conservation de la légitimité. Mais le roi légitime ayant repoussé leurs doctrines, ils voulaient le forcer de les appeler au ministère.

Ne pouvant s'avouer réciproquement le fond de leurs pensées, ces divers partis s'étaient réunis pour contraindre le roi, par leur opposition systèmatique, à prendre désormais ses ministres dans la majorité de la chambre des députés.

Or le comité central (ou directeur) de toutes les sociétés secrètes, et les journaux qui étaient leurs organes, étant parvenus à dicter des choix à la plupart des collèges électoraux, et par suite à disposer de la majorité de la chambre des députés, chacun des partis espérait s'emparer un jour de cette majorité, et faire réussir alors les projets qu'il n'osait publier.

Mais les résultats des 27, 28 et 29 juillet avaient dépassé leurs espérances. *Les Républicains*, qui avaient soulevé et dirigé plusieurs milliers de jeunes gens et d'ouvriers, *en proclamant la souveraineté du peuple*, *étaient devenus les maîtres de Paris.* Il fallut composer avec eux. Les Buonapartistes, les Orléanistes et les Doctrinaires se réunirent contre les Républicains; et, en leur promettant que le trône serait entouré d'institutions républicaines, ils firent décerner la couronne au duc d'Orléans; en même temps, ils s'emparèrent des ministères, et disposèrent de toutes les places.

Mais Louis-Philippe était à peine sur le trône, que des Républicains déclarèrent que *si la chambre des députés avait dû s'emparer de tous les pouvoirs constituans*, et changer le principe et la forme du gouvernement, *à raison de l'urgence des circonstances ;* par les mêmes motifs, elle devait faire une loi d'élection en rapport avec le principe de la souveraineté du peuple ; et que si la nation tout entière n'était point appelée à sanctionner la révolution de juillet, au moins il n'appartenait qu'à une chambre nommée par un nombre très considérable d'électeurs, et qui serait alors l'expression de la volonté nationale, de sanctionner ou d'infirmer les actes constituans de la chambre de 1830. A l'appui de cette opinion, ces Républicains ajoutaient que les députés nommés par des colléges électoraux convoqués par Charles X, n'avaient pas reçu des électeurs le mandat spécial de détruire la légitimité ; et que 80,000 ou 100,000 électeurs ne pouvaient avoir la prétention de représenter 32 millions de Français.

Ces raisonnemens dérivaient naturellement du principe de la souveraineté du peuple ; mais les Doctrinaires, les Orléanistes et les Buonapartistes qui étaient arrivés au pouvoir, craignirent que les colléges électoraux ne s'affranchissent de leur direction, si tous les Français qui paient une contribution directe devenaient électeurs, et qu'alors beaucoup de députés ne fussent choisis parmi les Légitimistes.

Les chefs du parti républicain avaient la même

crainte ; et s'il leur convenait d'augmenter le nombre des électeurs, pour paraître conséquens avec leur principe, et pour augmenter les chances d'influence que, par leurs sociétés secrètes, ils pouvaient exercer sur les nouveaux électeurs, il leur importait de conserver un cens de 200 f. à 150 f., parce qu'ils supposaient que la plupart des Français qui ne paient pas ce sens, étaient sous l'influence des Légitimistes. Aussi M. de Lafayette et ses amis prétendirent, dans les bureaux de la chambre des députés, que les hommes qui ne paient pas 200 fr. ou au moins 150 fr. d'impôts directs, sont trop ignorans, et n'ont pas assez de discernement pour concourir à la nomination des députés (1). Eh ! quoi ! *quelques milliers de jeunes gens et de prolétaires auraient pu*, PAR LA FORCE, *changer* LÉGALEMENT *le principe et la forme du gouvernement !* et des hommes qui paient une contribution directe ne seraient pas aptes à con-

(1) A la tribune de la chambre des députés, lorsque M. Berryer proposa d'appeler à des assemblées primaires tous les Français qui paient des impositions directes, et de les faire participer aux élections de députés, M. Bérenger ne s'opposa-t-il pas de toutes ses forces à cette proposition ; parce que, disait-il, ces nouveaux électeurs suivraient l'impulsion des Légitimistes !...

courir à l'élection des députés!! Cette contradiction, avec le principe de la souveraineté du peuple, prouve que la condition d'un cens électoral n'a été maintenue que dans l'intérêt des provocateurs et des partisans de la révolution de 1830.

2° « Pourquoi les chambres ont exigé des électeurs un serment « qui est une violation du principe de la souveraineté du « peuple. »

Les partis qui avaient concouru à la *révolution* de *juillet* ne se dissimulèrent pas qu'en détruisant une foule d'existences politiques, elle avait fait un nombre énorme de mécontens. Elle avait donc pour adversaires, non-seulement tous ceux qu'elle avait privés de leurs places, de leur fortune, ou de leur aisance, mais en outre tous les Légitimistes qui, nombreux et influens dans toute la France, sont évidemment en immense majorité dans un grand nombre de départemens (1).

Il était possible que les provocateurs de la révolution de juillet ne parvinssent plus à dominer dans les collèges électoraux, et alors il importait aux partisans de la révolution de détruire, s'il

---

(1) Il a été avoué par un ministre que les Légitimistes électeurs avaient la majorité dans 85 arrondissemens.

était possible, ou au moins de neutraliser l'influence des Légitimistes ; et c'est pour y parvenir que la chambre de 1830 exigea un serment de tous les fonctionnaires dans l'ordre administratif et judiciaire, ainsi que des officiers de terre et de mer, des officiers de la garde nationale, et notamment des pairs, des députés, et des électeurs électoraux et communaux. Cette chambre espéra qu'un grand nombre de Légitimistes refuserait de faire ce serment, et s'excluerait ainsi de toutes les places et même des collèges électoraux. Alors la victoire dans ces collèges, et par suite dans la chambre des députés, serait assurée au parti de la révolution.

Tel a été évidemment le but du serment, *quoiqu'il violât le principe de la souveraineté du peuple et la charte de* 1830 !

En effet, le peuple étant représenté par les électeurs qui élisent les députés ; et ceux-ci pouvant, au nom du peuple, élire et détrôner le roi, et même changer la forme du gouvernement, le roi n'est en définitive que le mandataire du peuple représenté par les électeurs. Or *les électeurs, étant alors les mandans, ne peuvent être assujétis à prêter un serment de fidélité à leurs mandataires, et en outre les droits du peuple étant imprescriptibles, et la force étant sa suprême loi, les élec-*

teurs ne peuvent aliéner la souveraineté du peuple par un serment de fidélité et d'obéissance à un roi, ni à une charte (1).

L'article de la loi électorale, qui exige ce serment, viole donc le principe de la souveraineté du peuple qui est la base de la charte de 1830; et dès-lors (d'après l'article 65), « *la présente* « *charte*, et tous les droits qu'elle confère, étant « *confiés au patriotisme et au courage des gardes* « *nationales et de tous les citoyens français* », les électeurs seraient en *droit de refuser ce serment*, et de déclarer qu'il est un attentat de *lèse-liberté*, ou au moins de le considérer comme nul et non avenu.

3° « Pourquoi la chambre de 1830 a conservé un système de « majorité d'après lequel 1° tous les députés réunis peuvent « n'avoir obtenu qu'environ 44,000 suffrages (qui ne sont « que les 14 dix millièmes de la population); et 2° la majorité « de la chambre des députés peut ne représenter que 26 à « 32,000 Français (c'est-à-dire 8 dix millièmes à 1 millième « de la population.) »

Lorsqu'un gouvernement est fondé sur le prin-

---

(1) « Il n'y a dans l'Etat aucune loi fondamentale qui ne se « puisse révoquer, même le pacte social. » (*Contrat Social*, chap. VIII.)

cipe de la souveraineté du peuple, chaque citoyen doit posséder une fraction de la souveraineté; or cette souveraineté du peuple ne pouvant exister, quand la chambre des députés (qui doit représenter 32 millions de Français) n'est nommée que par 44,000 électeurs, et, à plus forte raison, quand la majorité de cette chambre n'a été élue que par 26,000 à 32,000 suffrages; on devait croire que les majorités, dans les colléges électoraux, se formeraient désormais des trois quarts, ou au moins des deux tiers des électeurs inscrits; et, dans les chambres, des trois quarts, ou au moins des deux tiers des députés élus, et des pairs de France.

La cour des pairs ayant eu à déterminer, en 1819, le nombre de voix qui pouvaient entraîner une condamnation contre les prévenus de conspiration, avait fixé ce nombre aux cinq huitièmes des voix (1).

---

(1) D'après le code d'instruction criminelle, 4 voix sur 5 ou 6 juges (c'est-à-dire les 4 cinquièmes ou les 5 sixièmes), sont nécessaires à la cour de cassation, aux cours royales, aux cours d'assises ou spéciales, pour prononcer « une condamnation re- « lative à des voies de fait qui auraient dégénéré en crimes, ou « de tous autres crimes flagrans commis à l'audience. » (Art. 508). 5 voix sur 8 (c'est-à-dire les 5 huitièmes), sont nécessaires aux cours spéciales pour prononcer « une condamnation relative aux « crimes qui doivent être jugés par ces cours. » (Art. 556 et

Il semblait au moins que le même mode devait être suivi par la chambre des députés de 1830, lorsque, se constituant juge et partie, elle a statué sur les propositions de déclarer la déchéance de trois générations de rois et de changer la forme du gouvernement; et ensuite lorsqu'elle a délibéré sur des propositions de loi.

Alors, la majorité, ou les 5 huitièmes de 430 députés se seraient formée par 269 suffrages, et la majorité, ou les 5 huitièmes de 360 pairs par 225 voix.

Ainsi, 219 députés (c'est-à-dire 4 voix de plus que la moitié des députés élus) n'auraient pu changer le principe et la forme du gouvernement; et 89 pairs seulement n'auraient pu, au nom de la chambre des pairs, adhérer à ces changemens.

Le roi (que la charte avait reconnu inviolable), en admettant même qu'il dût être jugé par ces deux chambres, devait-il être traité avec plus de rigueur que les conspirateurs contre l'autorité royale! La majorité ne devait-elle pas être la même pour prononcer une condamnation! et le ROI

582.) 8 voix sur 12 (c'est-à-dire les 2 tiers) « sont nécessaires « aux cours d'assises pour prononcer une condamnation. »

Ainsi, les condamnations ne se prononcent dans ces diverses cours qu'à la majorité des 5 huitièmes, des 2 tiers, des 4 cinquièmes et des 5 sixièmes des voix!

LÉGITIME *pouvait-il être le* SEUL FRANÇAIS PRIVÉ DU DROIT DE PRÉSENTER SA DÉFENSE ! !

En imputant néanmoins à l'*urgence* des *circonstances* la violation du réglement de la cour des pairs (en matière criminelle), et des lois relatives à la défense des accusés, on devait présumer qu'un gouvernement fondé sur le principe de la souveraineté du peuple, se ferait un devoir d'établir que désormais les trois quarts, ou au moins les deux tiers des voix seraient nécessaires dans toutes les assemblées, pour y former la majorité. Cette mesure ne fut pas adoptée; et la majorité continua à se former dans les assemblées communales, dans les assemblées de gardes nationaux, dans les colléges électoraux et dans les deux chambres, de la moitié plus un des membres présens!

Aussi les députés purent être nommés « à l'un des « deux premiers tours de scrutin, par le tiers des « électeurs inscrits, et la moitié plus un des électeurs présens; et *au* 3e *tour*, *par la pluralité des* « *votes exprimés* , » *quel que soit le nombre des votans*. (Art. 54 de la loi électorale du 13 avril 1831); et les lois peuvent être faites par la moitié plus un des députés, c'est-à-dire par une majorité qui représente à peine 26,000 à 32,000 électeurs (ou les 8 dix millièmes à 1 millième de la population).

D'après un tel mode de majorité, il est impossible de prétendre que les lois ont été l'expression de la volonté générale de la France.

Objectera-t-on 1° que les nominations de députés, après deux tours de scrutin, devant se faire par le ballotage, beaucoup d'élections deviendraient impossibles, à raison de la difficulté de procurer aux candidats les trois quarts ou même les deux tiers des voix des électeurs inscrits ; et 2° que l'obligation de réunir les trois quarts ou même les deux tiers des suffrages dans les deux chambres, rendrait impossible la confection d'un grand nombre de lois!

Nous pourrions nous borner à répondre que lorsque la souveraineté du peuple est le principe du gouvernement, les conséquences et les développemens de ce principe doivent trouver leur application : et le gouvernement ne pourrait prétendre le contraire, sans avouer que la souveraineté du peuple est une théorie inapplicable à l'administration des peuples, ou sans laisser croire que si toute la nation était véritablement représentée dans les assemblées communales, dans les assemblées de gardes nationales, dans les collèges électoraux et dans les deux chambres, la majorité y serait contraire au gouvernement actuel.

Nous admettons que les majorités seraient plus difficiles à obtenir, si elles ne se formaient que des trois quarts ou des deux tiers des votes ; mais ne serait-il pas préférable de recommencer le scrutin (ainsi que cela se pratique au conclave, pour l'élection des papes), jusqu'à ce que l'un des candidats réunit les trois quarts ou au moins les deux tiers des suffrages des gardes nationaux, ou des électeurs inscrits, plutôt que de considérer comme officiers, conseillers municipaux ou députés, des hommes qui n'ont obtenu que le tiers des voix; ou qui, par le ballotage, peuvent n'avoir été nommés que par un très petit nombre d'électeurs!... Et même logiquement parlant, ne vaudrait-il pas mieux ne pas faire de lois, que de les faire avec une majorité d'une ou deux voix, en outre de la moitié des députés et des pairs présens; c'est-à-dire, sans un assentiment suffisant pour représenter l'opinion générale!

Au surplus, nous répéterons qu'*il n'y a pas de souveraineté directe ni indirecte du peuple, lorsque la souveraineté réside, de fait, dans une chambre de députés, dont la majorité peut ne représenter que* 26,000 à 32,000 *Français* (1); et nous ajouterons qu'une majorité qui, dans les collèges électoraux, se formerait des deux tiers des électeurs, et dans la chambre des députés, des deux tiers des députés, ne représentant encore

(1) C'est-à-dire 8 dix millièmes à 1 millième de la population.

que 40,000 à 50,000 électeurs (1), n'exprimerait pas la volonté générale de la France ; à plus forte raison, une majorité qui, par l'effet de l'absence ou de l'exclusion d'un grand nombre d'électeurs, peut ne s'élever dans les collèges qu'à un tiers des électeurs inscrits ; et dans la chambre des députés qu'au tiers des députés élus, ne peut avoir la prétention fondée de représenter 32 millions de Français.

4° « Pourquoi la chambre de 1830 a violé la liberté indivi-
« duelle, la liberté des cultes, la liberté de l'enseignement
« et cherché à restreindre la liberté de la presse. »

Les gouvernemens, ou plutôt les ministres, ne violent les constitutions et les lois que par deux motifs ; soit parce qu'ils ne peuvent faire le bien, à cause des vices ou des imperfections de la constitution ou des lois ; soit parce qu'ils ne pourraient conserver le pouvoir, s'ils ne recouraient pas à des mesures arbitraires et tyranniques.

Appliquant cet axiome aux ministères qui se sont succédés depuis la révolution de 1830, il devient évident qu'ils n'ont pu administrer avec les conséquences et les développemens du principe de

---

(1) C'est-à-dire 12 dix millièmes à 13 dix millièmes de la population.

la souveraineté du peuple; ou que pour conserver le pouvoir, ils ont cru nécessaire de violer leurs propres principes.

En effet, si les ministres de la révolution de 1830 avaient voulu faire jouir tous les Français d'une égale liberté (à laquelle le principe de la souveraineté du peuple et la charte du 7 août leur donnent des droits incontestables), la liberté individuelle n'eût pas été violée par des visites domiciliaires, des perquisitions et des arrestations illégales; les associations ne seraient plus entravées par l'art. 291 du code civil!...

On ne tirerait pas, sans sommation préalable, sur des hommes que l'on suppose réfractaires ou légitimistes! Les ministres, les généraux et les officiers qui ordonnent ou tolèrent que l'on assassine ainsi des Français, seraient déférés aux tribunaux!

Les croix (symbole de la religion catholique, qui est celle de l'immense majorité des Français), n'auraient pas été abattues et profanées!

Des ministres des autels n'auraient pas été insultés et chassés!

Des églises n'auraient pas été souillées par des profanations inouies, puis dévastées et pillées : et de même des séminaires, des palais épiscopaux n'eussent pas été envahis, dévastés, et en partie démolis!

La liberté de l'enseignement eût été proclamée par une loi. Ainsi auraient disparu le monopole de l'université et les rétributions universitaires! et les hommes qui ont voulu établir des écoles gratuites, n'auraient pas été poursuivis devant les tribunaux!

La liberté de la presse eût été affranchie de toute mesure restrictive. Tout Français serait donc libre d'avoir des presses, et de publier ses pensées, sans avoir à se justifier (devant les cours d'assises), d'avoir usé d'une liberté qui, d'après le principe de la souveraineté du peuple, doit être illimitée!

Mais, dira-t-on, le salut du peuple exige que des entraves soient mises à une liberté illimitée; car cette liberté est là licence; et avec la licence, il n'y a pas de gouvernement possible.

Nous répondrons, que si le salut du peuple exige que l'on mette des bornes à une liberté illimitée, il ne fallait pas proclamer le principe de la souveraineté du peuple; car la conséquence nécessaire de ce principe, est une liberté ou pouvoir indéfini.

En effet, le pouvoir et la liberté imprescriptibles du peuple, ne résultent ni de principes religieux, ni de la morale, ni de l'honneur, ni de la justice, ni du droit. Ils résultent uniquement de sa force considérée comme la suprême loi du peuple. Donc son pouvoir et sa liberté doivent être illimités.

Mais, d'ailleurs, quelle autre autorité qu'une force arbitraire ou tyrannique pourrait imposer des restrictions à la liberté, lorsque la force du peuple exerce seule une souveraineté imprescriptible; et que par conséquent elle ne reconnaît ni règle ni frein, et ne se soumet ni aux lois religieuses, ni aux lois de la morale, ni aux lois civiles?

Nous ne nions pas qu'une liberté indéfinie ne dégénère en licence, et ne conduise à l'anarchie, et l'anarchie au despotisme et à la tyrannie!! Mais si des entraves sont mises à la liberté individuelle, à la liberté des cultes, à la liberté d'enseignement et à la liberté de la presse, *le principe de la souveraineté du peuple est violé*, et *il est remplacé par le despotisme et la tyrannie;* car c'est la force seule (ou le despotisme), qui restreint alors le pouvoir et la liberté, ou, en un mot, les droits imprescriptibles du peuple.

Si les provocateurs de la révolution de 1830, avant de proclamer la souveraineté du peuple, étaient convaincus que les conséquences et les développemens de ce principe rendaient *impossible* ce gouvernement, *ils ont trompé sciemment* les Français.

Ou si, postérieurement à la révolution, ils ont

reconnu que le gouvernement n'était pas possible avec ces conséquences et leurs développemens, cet aveu tardif prouve leur ignorance et leur présomption. Ils ont donc à choisir entre les qualifications de *déloyaux* ou d'*incapables!* et quelle que soit celle qui leur est applicable, ils *sont* indignes de la confiance de la France...

Prétendra-t-on que *la pensée des provocateurs de la révolution de* 1830 *a été uniquement un changement de dynastie;* et que la révolution, telle qu'ils l'ont comprise, a été la manifestation de la volonté universelle des Français; enfin, que les intérêts des particuliers doivent être sacrifiés à l'intérêt de la majorité, parce que la majorité du peuple représente l'État.

Mais des Républicains et des Légitimistes ont répondu que la volonté universelle des Français ne s'était pas manifestée dans les chambres, « lorsque, « sur 430 députés, 219 seulement ont proclamé « la souveraineté du peuple, ont prononcé la dé« chéance de trois générations de rois, ont fait « une nouvelle charte, et ont donné la couronne « à Louis-Philippe; et lorsque, sur 360 pairs, 89 « seulement ont adhéré à la déclaration et à la « charte des 219 députés. »

Cette volonté universelle ne s'est pas manifestée depuis dans les collèges électoraux qui ont été convoqués, d'abord, pour completter la chambre de 1830, ensuite pour élire la chambre de 1831, puisqu'un très grand nombre d'électeurs se sont abstenus de venir à ces colléges, ne voulant pas faire un serment contraire à leur opinion et à leur droit. Aussi, dans un grand nombre de départemens, les *députés ont été élus par la minorité des électeurs inscrits sur les listes électorales*.

Comment la *volonté universelle* des Français pourrait-elle exister en faveur du gouvernement actuel, quand l'immense majorité des personnes employées sous Charles X, ont été destituées, et ont ainsi perdu leur position politique, leur fortune, et beaucoup leur aisance, et même leurs premiers moyens d'existence.

La dissidence des opinions et des volontés n'est-elle pas au contraire démontrée d'une manière irrécusable par la presse qui, chaque jour, nous montre la France divisée en Anarchistes, en Républicains, en Buonapartistes, en Orléanistes et en Légitimistes; les uns, les matérialistes et les athées voulant avoir le pouvoir et la liberté de satisfaire leurs besoins, leurs desirs et leurs passions; les autres, les doctrinaires, voulant imposer à tous les hommes des doctrines philosophiques qu'ils modifient sans cesse, et ne peuvent appuyer sur l'autorité d'aucune religion; et d'autres enfin, qui ont foi en leur religion, la considérant comme le principe de la morale et de la législation, et la base de tout bon gouvernement.

Enfin, les journaux, organes de ces diverses opinions, ne conviennent-ils pas que les hommes qui regrettent le principe de la légitimité, sont en majorité dans un grand nombre de départemens ?

Ainsi, lorsque la chambre de 1830 elle-même a déclaré qu'elle ne tenait ses pouvoirs que de l'urgence des circonstances ; et lorsque la chambre actuelle n'a été élue que par le tiers environ des électeurs inscrits (c'est-à-dire par 50,000 à 60,000 électeurs) ; et lorsque tous les Français n'ont pas été appelés à approuver, par leurs votes, la déchéance de la branche aînée des Bourbons, et la déclaration et la charte de la chambre *des députés* de 1830, et l'élection de Louis-Philippe au trône des Français : non-seulement on ne peut pas dire que la révolution de juillet ait été la manifestation de la volonté universelle des Français (le contraire existant d'une manière évidente et irrécusable) ; mais, en admettant que la majorité des Français se soit soumise à ces changemens, on peut contester que la révolution de 1830 ait l'assentiment de cette majorité.

On peut également contester que les intérêts

particuliers doivent être sacrifiés à ceux de la majorité des citoyens.

Ne doit-on pas dire, au contraire, le gouvernement doit justice à tous les Français, aux faibles et aux forts : l'*intérêt de l'Etat se compose de tous les intérêts particuliers ; leur prospérité mutuelle fait la prospérité de l'Etat.* Ainsi, le gouvernement doit protéger et satisfaire les intérêts religieux, les intérêts moraux et les intérêts matériels de la société....

Mais un gouvernement fondé sur la force ne peut suivre les règles de la justice, dès que la force s'y oppose : et elle s'y opposera toutes les fois qu'elle aura intérêt à le faire.

Ne nous étonnons donc pas qu'un gouvernement sorti des barricades, viole la liberté individuelle, la liberté des cultes, la liberté de l'enseignement et la liberté de la presse ; et qu'il réserve exclusivement toutes les places, toutes les libertés et tous les droits à ses partisans... C'est la conséquence de son origine : il s'est emparé du pouvoir et de la souveraineté. Il en use et en abuse ; et il continuera à en abuser jusqu'à ce qu'il soit, à son tour, renversé par la force....

Mais reconnaissons aussi que le gouvernement actuel étant fondé sur la force matérielle du parti qui s'est emparé du pouvoir, est par cela despotique et tyrannique, et qu'il ne se maintient qu'autant qu'il peut violer impunément toutes les libertés qui avaient été promises et garanties par la charte du 7 août.

La révolution de 1830 a donc menti à la France et à l'Europe, et elle s'est menti à elle-même, quand elle déclarait qu'elle augmenterait les droits et les libertés dont jouissaient les Français ! !

Résumons ce système de gouvernement.

« *Le peuple* est *souverain.*

« *Son pouvoir et sa liberté sont illimités et « imprescriptibles.* Ils résultent de la force du « peuple...

« *Le pouvoir et la liberté appartiennent à qui « sait s'en saisir ;* tous les peuples sont appelés à « conquérir l'un et l'autre, et cette double con- « quête doit faire leur bonheur.

« *Le bonheur de l'homme consiste à jouir d'une « liberté illimitée*, et par conséquent *à satisfaire « ses besoins, ses désirs et ses passions.* Ainsi, « *l'honneur,* ni *la morale*, ni *la religion* ne doi- « vent pas servir de base à la législation ; car ils « entraveraient l'usage d'une liberté indéfinie ; et « il ne doit y avoir, entre les hommes, d'autres « distinctions que celle de l'intelligence et de la « force (ou puissance), quels que soient d'ailleurs « leurs vertus ou leurs vices. Ainsi la noblesse,

« la pairie, la royauté doivent être supprimées,
« et la magistrature doit être amovible. »

Enfin, le *système d'élection* doit être le principe de toutes les institutions; et *ce système doit être combiné de manière que le gouvernement protège uniquement les intérêts matériels des partisans de la souveraineté du peuple*, leur procure toutes les places et les honneurs, et les fasse jouir de tous les droits et libertés, et notamment de la liberté illimitée de la presse; tandis qu'il excluera de toutes les places, d'abord les légitimistes, puis les quasi-légitimistes, et pourra les priver arbitrairement de la liberté individuelle, de la liberté des cultes, de la liberté d'enseignement et de la liberté de la presse, pour les contraindre à se soumettre à la souveraineté du peuple, ou plutôt à l'autorité d'une force despotique et tyrannique.

Il est naturel que les matérialistes et les athées soient partisans de ce système; mais nous le demandons à tous les pères de familles, vraiment dignes de l'être, un pareil système peut-il faire le bonheur de la société??

SYSTÈME DE GOUVERNEMENT QUI A POUR BASE LA QUASI-LÉGITIMITÉ.

Le mot *quasi-légitimité* est nouveau. Il a été imaginé, en 1830, par les doctrinaires et les orléanistes, lorsque, en faisant décerner la couronne au *duc d'Orléans*, ils s'emparèrent du pouvoir.

Ces deux partis ne pouvaient répudier la souveraineté du peuple au nom de laquelle, avec l'aide des républicains et des buonapartistes, ils venaient de renverser le roi légitime; mais ils voulaient conserver une monarchie, et les doctrinaires qui si long-temps avaient fait prévaloir les avantages de la légitimité, tenaient à en maintenir les institutions.

Ils créèrent le mot *quasi-légitimité* pour exprimer leurs pensées... Ils admettent que la souveraineté appartient au peuple : mais, suivant eux, le peuple abdique la souveraineté, lorsqu'il élit un roi héréditaire ; et dès ce moment, les institutions doivent être celles de la légitimité, sauf les modifications qu'indiquent les variations de l'opinion publique.

Ainsi la *quasi-légitimité* (synonyme de *quasi-justice* et de *quasi-légalité*) n'est pas fondée sur un principe. Elle est un *système hétérogène qui doit son origine à la souveraineté du peuple*, et *qui*, néanmoins, *en répudie les conséquences*, pour faire prévaloir, autant que possible, les institutions de la légitimité.

En un mot, la *quasi-légitimité* est une espèce de *juste milieu* entre la souveraineté du peuple et la légitimité.

Conséquences de ce système hétérogène.

En adoptant un système fondé sur la *quasi-légitimité*, le gouvernement marche entre deux abîmes.

Il est forcé de ménager les républicains; car, sans leur concours, il n'eût pas existé; et, d'un autre côté, s'il ne conserve pas les institutions de la légitimité, il ne peut consolider la nouvelle monarchie.

Enfin, les doctrinaires et les orléanistes ont également à craindre de perdre le pouvoir, s'ils ne font pas de concessions aux républiains; mais en leur faisant des concessions, ils les encouragent à en exiger d'autres; et les exigences des républicains ne cesseront que lorsqu'ils auront renversé le gouvernement actuel.

Les conséquences du système de la quasi-légitimité sont donc, d'une part, des concessions aux partisans de la souveraineté du peuple ; d'autre part, des institutions *quasi - monarchiques*, ou *quasi-républicaines*, suivant les variations de l'opinion publique ; et enfin, des restrictions aux droits et aux libertés qui devraient résulter du principe de la souveraineté du peuple ; car ce gouvernement *quasi-légitime* ne peut se maintenir, si les républicains et les légitimistes peuvent également exiger tous les droits et les libertés garantis par la charte de 1830.

Développemens de ces conséquences.

Ainsi, pour entraver le moins possible la liberté illimitée que réclament les républicains, le nom de Dieu sera banni de la législation ; et la législation devra être athée, en ce sens que la loi civile ne sera pas mise en harmonie avec la loi religieuse.

La morale et l'honneur indiqueront ce qui est bien et ce qui est mal.

La royauté, la pairie, la noblesse, et toutes les distinctions héréditaires ou à vie peuvent être utiles ; mais ne sont pas indispensables. La liberté individuelle, la liberté des cultes, la liberté de l'enseignement et la liberté de la presse seront modifiées, suivant les circonstancess et l'altération des mœurs.

Enfin, *la mission et l'intérêt du gouvernement consistent uniquement à protéger les intérêts moraux, et les intérêts matériels des partisans de la quasi-légitimité*.

Résultats des développemens de ce système.

Lorsqu'un système de gouvernement participe de la souveraineté fondée sur la *force matérielle*, et de la souveraineté fondée sur *la justice et le droit*, les conséquences et les développemens d'un tel système doivent tendre continuellement à s'annihiler, ou au moins à se neutraliser; et elles doivent se modifier dans des sens opposés, toutes les fois que l'opinion publique, et notamment celle de la chambre des députés, semble plus ou moins favorable au principe de la *souveraineté du peuple*, ou au principe de la *légitimité*.

La souveraineté du peuple est un principe; parce que plusieurs enfans coalisés contre leur père sont plus forts que lui : et de même les peuples sont plus forts que leur roi, et par conséquent peuvent le méconnaître.

La légitimité est un principe, parce qu'elle se fonde sur l'autorité paternelle, sur la justice et le droit.

On aperçoit facilement les conséquences et les développemens de ces deux principes; mais le système de la quasi-légitimité consistant à établir une espèce de *juste milieu* entre deux principes *antipathiques*, on se demande à quel signe on le reconnaîtra.

On conçoit *le juste milieu d'un nombre*, parce qu'il peut se diviser en deux parties égales ; mais où trouver le juste milieu entre le matérialisme et l'immortalité de l'ame, entre l'athéisme et le culte de la divinité, entre l'erreur et la vérité, entre le crime et la vertu, entre l'injustice et la justice, entre le désordre et l'ordre, entre l'esclavage et la liberté ; en un mot entre la mort et la vie des sociétés ? Et peut-on fonder un État et donner de la stabilité aux institutions avec le *quasi-matérialisme* ou la *quasi-immortalité de l'ame*, avec le *quasi-athéisme* ou de *quasi-religions*, avec de *quasi-erreurs* ou des *quasi-vérités*, avec de *quasi-injustices* et de *quasi-justices*, avec de *quasi-désordres* ou un *quasi-ordre*, avec un *quasi-esclavage* ou de *quasi-libertés*, et enfin avec une *quasi-souveraineté du peuple* ou une *quasi-légitimité* ?

Un gouvernement qui prétend résoudre de tels problèmes, est obligé de se créer des doctrines en dehors des principes dont il dérive ; et comme ces doctrines ont pour but unique de conserver le pouvoir aux partisans de ce système, elles autorisent ou conseillent des mesures exceptionnelles et tyranniques à l'égard des partisans de la souveraineté du peuple, et à l'égard des partisans de la légitimité.

Ainsi, *sous le prétexte de l'utilité publique*, les républicains, mais surtout les légitimistes pourront être privés de leurs droits électoraux, et exclus de la garde nationale et de toutes les places auxquelles leurs services antérieurs et leur capacité leur donnent des droits.

De même, ils pourront être privés de toutes les libertés que la charte de 1830 a promises à tous les Français, si l'opinion de la majorité des députés et des électeurs qui auront participé à leur élection, paraît favorable à des mesures exceptionnelles et arbitraires!

Le sort de la royauté, de la pairie et de la noblesse dépendra également de l'opinion de la chambre des députés; ainsi la royauté verra son pouvoir augmenter ou diminuer, la pairie héréditaire et la noblesse seront conservées ou supprimées; et les institutions seront républicaines ou monarchiques, et pourront tour à tour être modifiées dans des sens opposés!

Ainsi le gouvernement prétendra que la *charte* est une *vérité*; et il refusera les développemens du *principe* (de la souveraineté du peuple) qui est la *base de la charte!*

Il reconnaîtra que le peuple seul est souverain ; que ses droits et sa liberté illimités sont imprescriptibles ; qu'ainsi le *peuple* ou même *une fraction du peuple français a pu* LÉGALEMENT, PAR LA FORCE, *changer le principe du gouvernement ; mais* il affirmera que *le peuple aliène cette souveraineté imprescriptible lorsqu'il élit un roi !...* Comme si le peuple qui aurait eu le droit de détruire une royauté de quatorze siècles et de changer le principe fondamental de la monarchie française, n'aurait pas le droit de détrôner le roi et de changer la charte qu'il est censé s'être donnée, par l'organe de 219 députés et de 89 pairs !

Ainsi, il parlera de son respect pour la liberté individuelle. « Elle est garantie ; personne ne pou« vant être poursuivi ni arrêté que dans les cas « prévus par la loi et dans la forme qu'elle pres« crit (art. 4 de la charte). » Tandis qu'il ordonne dans toute la France des visites domiciliaires, des perquisitions et des arrestations illégales ; et il permet que l'on tire impunément, sans sommation préalable, sur des Français qu'on suppose réfractaires ou légitimistes !

Il fait jouir (dit-il) tous les Français de leurs droits : « Les Français sont égaux devant la loi, « quels que soient d'ailleurs leurs titres et leurs « rangs (art. 1 de la charte). » Et cependant il exclut des collèges électoraux, des assemblées communales et des assemblées de gardes nationales, tous les Français qui ne veulent pas faire un serment contraire à leurs droits ; puisqu'il est une violation de la charte et du principe de la souveraineté du peuple !

D'après l'art. 65 : « *La présente charte* et tous « les droits qu'elle consacre, sont confiés au pa-« triotisme et au courage *des gardes nationales et* « *de tous les citoyens français ;* » Et la cinquième disposition supplémentaire promet « l'organisa-« tion de la garde nationale avec intervention des « gardes nationaux dans le choix des officiers. » Ainsi, la garde nationale étant gardienne de la charte et des droits qu'elle consacre, ne doit être composée que de citoyens français payant une contribution directe : et cependant, par la loi que le gouvernement a obtenue des chambres, non-seulement des prolétaires et des *étrangers non-naturalisés*, sont admis dans la garde nationale ; mais en outre le gouvernement peut, à son gré, suspendre pendant un temps considérable l'organisation de cette garde ! Il peut également la licencier, et faire mettre au contrôle de réserve, c'est-à-dire, exclure qui bon lui semble des rangs de la garde nationale ! Enfin, au mépris de la cinquième disposition supplémentaire, le roi nomme directement les commandans supérieurs (art. 65 de la loi de 1830), les majors, les adjudans-majors, les chirurgiens-majors et aides-majors (art. 57); il nomme les officiers d'état-major, sur la seule présentation du commandant supérieur (art. 65), et par conséquent sans aucune intervention des gardes nationaux! Il choisit les colonels et les lieutenans-colonels sur une liste de candidats présentés à la *majorité relative* par tous les officiers et un pareil nombre de sous-officiers caporaux ou gardes nationaux; c'est-à-dire par 12 hommes par compagnie de 200 hommes, et ces mêmes 12 hommes (par chaque compagnie de 200 hommes), suffisent pour nommer le chef de bataillon et le porte drapeau! (art. 53)

Ainsi, le gouvernement prétendra que « chacun professe sa religion avec une égale liberté, « et obtient pour son culte une égale protection » (art. 5 de la charte); tandis que dans une partie de la France, il laisse abattre les croix, envahir et dévaster des églises, des séminaires et un palais archiépiscopal! Il autorisera même ces envahissemens et ordonnera la démolition de l'archevêché de Paris, et peut-être de l'église de Saint-Germain-l'Auxerrois, pour être agréable, sans doute, aux forçats libérés qui, de l'aveu de M. Baude, alors préfet de police, les ont dévastés et pillés; mais par une espèce de compensation, il ne permettra pas que dans ces mêmes lieux, on plante des arbres de la liberté; tandis que dans d'autres endroits, ou il fera respecter les croix et les églises, les arbres de la liberté seront plantés en présence des autorités!

Enfin, dans d'autres endroits, il laissera insulter le signe révéré des chrétiens, et interdira les processions dans des villes où l'immense majorité est catholique!

D'après l'art. 6 de la charte: « Les ministres de « *la religion catholique apostolique et romaine*, « professée par la majorité des Français, et ceux « des autres cultes chrétiens, reçoivent des trai- « temens du trésor public. » Néanmoins le gouvernement permet que ses délégués privent de leurs traitemens les eclésiastiques qui refusent de se soumettre à des ordres qui violent « la liberté « religieuse, qui leur est garantie » par l'art. 5 de la charte!

Ainsi, quoique la charte ait proclamé que *la religion catholique était professée par la majorité des Français*, cette religion est la seule qui ne jouisse pas de la liberté et de la protection que la charte a promise à tous les cultes!

La liberté d'enseignement a été promise également par la huitième disposition supplémentaire:

et le gouvernement conserve le monopole et les rétributions universitaires ! Il a voulu assujétir les frères des écoles chrétiennes au service militaire ! et il poursuit devant les tribunaux quiconque se fondant sur la huitième disposition supplémentaire de la charte, veut établir des écoles gratuites !

« Les Français ont le droit de publier et de faire « imprimer leurs opinions, en se conformant aux « lois » (art 7). Mais peut-on dire que les Français jouissent de ce droit, lorsque les cours d'assises retentissent sans cesse de procès et de condamnations pour les délits de la presse, et que les préfets peuvent faire la liste des jurés de telle sorte qu'ils soient tous contraires aux opinions politiques qu'ils ont à juger !

La morale et l'honneur (suivant le système de la quasi-légitimité) indiqueront ce qui est bien et ce qui est mal; mais l'honneur qui est le seul frein qu'on puisse opposer aux passions des athées, n'a pas toujours la morale pour base; et la morale humaine n'est-elle pas susceptible de variations continuelles, puisque indépendante des préceptes du créateur, elle n'a sa source que dans les conceptions de l'homme ? La morale humaine se conformera donc successivement à toutes les variations, et par conséquent aux erreurs de l'opinion publique !... *Ce qui est reconnu immoral, depuis plu-*

sieurs siècles, pourra donc être déclaré moral ! Or, si la morale est la base de la législation, il faudra modifier sans cesse la législation et les institutions !

Si, maintenant, nous examinons les résultats du système de la quasi-légitimité relativement à la politique du gouvernement, nous voyons, d'une part, tous les peuples de l'Europe en armes; et d'autre part, le gouvernement français demander des sacrifices énormes, pour pouvoir soutenir la guerre dont il se croit menacé.

La propagande révolutionnaire menace les trônes. Elle a semé, dans toute l'Europe des sociétés secrètes; et, par elles, elle a soulevé tour à tour, contre les souverains légitimes, des Espagnols, des Italiens, des Portugais, des Français, des Belges, des Allemands, des Suisses et des Polonais. Elle inspire donc de justes défiances aux souverains!

En vain le gouvernement français cherche à les rassurer; il ne croient pas que notre gouvernement puisse neutraliser la *propagande*. Ce gouvernement occulte est implacable et sanguinaire. Le matérialisme détruit la charité; la ruine et la mort sont ses élémens; son but est la tyrannie. Il n'y a donc pas de transaction ni de paix durables entre la propagande révolutionnaire et les souverains légitimes; entre la barbarie et la civilisation !

Le gouvernement actuel prétend que la révolution de juillet 1830 n'a été qu'un changement de dynastie; et que ce changement a été justifié par les ordonnances du 25 juillet : mais il est démenti par les *auteurs mêmes de la révolution* qui *se vantent d'avoir* CONSPIRÉ PENDANT 15 ANS, CONTRE LE ROI LÉGITIME, *pour faire prévaloir le principe de la souveraineté du peuple;* et qui rappellent sans cesse au gouvernement qu'il est né de la révolte et des barricades!

Dans cet état de choses, les souverains étrangers ne veulent désarmer que lorsque le gouvernement français aura prouvé, par des actes irrécusables, qu'il désapprouve la propagande et même qu'il est son ennemi.

Mais, le peut-il? Le gouvernement actuel doit son existence à la propagande : elle serait la meilleure, et, peut-être, sa seule alliée, s'il devait soutenir la guerre contre tous les rois de l'Europe! Il doit donc ménager la propagande et les républicains : mais en même temps il doit s'en méfier; car leur intérêt est de renverser le gouvernement pour s'emparer du pouvoir et de toutes les places.

Le gouvernement peut-il compter, d'ailleurs, sur l'appui des légitimistes, quand ils sont convaincus que la France ne peut être heureuse et puissante qu'autant que le principe de la légitimité sera redevenu la loi fondamentale de la France !

Le gouvernement désire le désarmement de l'Europe. Il apprécie qu'une guerre, quelle qu'elle soit, pourrait entraîner une conflagration générale, et que l'existence de la France serait compromise ; car elle aurait à se défendre contre une coalition de tous les souverains étrangers.

Que fait et que peut faire le gouvernement? Il négocie à la fois avec la propagande révolutionnaire et avec les cabinets étrangers : il consent, en faveur de la propagande et des républicains, à toutes les concessions qui lui paraissent nécessaires pour pouvoir utiliser, au besoin, le zèle et l'ardeur des sociétés secrètes.

Il accorde aux puissances étrangères toutes les satisfactions qu'elles exigent, espérant détruire leurs défiances, et les convaincre qu'il désavoue la propagande révolutionnaire ; et, en même temps, il se prépare à soutenir une guerre générale.

Mais, en attendant, les puissances étrangères exigent du gouvernement des mesures et des sacrifices qui sont contraires à la dignité et aux intérêts du royaume.

Cette incertitude, sur l'avenir de la France,

cause un malaise universel. Quelle confiance peut inspirer un gouvernement qui, pour exister, semble devoir *conserver la paix à tout* prix? Quel avenir peut-on se promettre, lorsque le système de la quasi-légitimité étant fondé sur deux principes antipathiques, ne peut établir aucune institution durable, ni donner à la législation aucune fixité? Quelle inquiétude ne doivent pas avoir les familles, pour leur fortune et pour leurs enfans, lorsque les charges et les impôts (pour conserver la paix) augmentent d'une manière effrayante; tandis que leur fortune se perd, leurs revenus diminuent, et les débouchés nécessaires aux classes industrielles décroissent de jour en jour: enfin, lorsqu'à tant de maux réels se joint la crainte de la guerre civile et de la guerre étrangère!

La crainte de la guerre civile! car au lieu de chercher à se faire aimer de l'ouest et du midi de la France, où l'immense majorité de la population regrette le principe de la légitimité, le gouvernement semble avoir pris à tâche d'exaspérer cette partie du royaume, et de la pousser à se séparer du reste de la France.

La crainte de la guerre étrangère! car comment se flatter que le gouvernement puisse jamais satisfaire les exigences de la propagande et des puissances étrangères? La propagande ne pouvant être satisfaite que lorsqu'elle se sera emparée du pouvoir; et les puissances étrangères (guidées par l'intérêt de leur conservation, et peut-être par un désir d'agrandissement) étant portées à manifester une défiance excessive, et leurs exigences pouvant devenir intolérables!

Alors que deviendraient les Français, si ce grand drame politique, après des sacrifices et des humiliations sans nombre, devait finir par *une guerre d'extermination, dont l'unique objet, pour la France, serait de soutenir la propagande révolutionnaire, et un gouvernement fondé sur la théorie de la quasi-légitimité !!!*

Résumons, en peu de mots, le système de la quasi-légitimité.

La quasi-légitimité (synonyme de quasi-justice et de quasi-légalité) est un système hétérogène; car il participe de la souveraineté du peuple et de la légitimité qui sont deux principes antipathiques.

D'après cette espèce de juste milieu entre ces deux principes, la souveraineté appartient au peuple; mais il abdique la souveraineté lorsqu'il élit un *roi héréditaire* : et, dès ce moment, les institutions doivent être analogues à celles de la légitimité, sauf les modifications qu'indiquent les variations de l'opinion publique.

Ainsi, pour ne point entraver la liberté du peuple, le nom de Dieu sera banni de la législation; et la législation devra être athée, en ce sens que la loi civile ne sera pas mise en harmonie avec la loi religieuse. Mais la morale et l'honneur indiqueront ce qui est bien et ce qui est mal.

La royauté, la pairie, la noblesse, et toutes les distinctions héréditaires et à vie sont utiles, mais ne sont pas indispensables.

Les droits du citoyen et sa liberté doivent être restreints à ne pouvoir faire ce qui peut nuire au *gouvernement quasi-légitime*.

Ainsi, la liberté individuelle, la liberté des cultes, la liberté de l'enseignement et la liberté de la presse seront plus ou moins limitées; et les institutions et même la morale seront modifiées, suivant les circonstances, mais de manière à conserver le pouvoir aux partisans de la quasi-légitimité.

Enfin, *la mission du gouvernement quasi-légitime consiste uniquement à protéger les intérêts moraux et matériels de ses partisans.....*

Le lecteur appréciera si, avec un tel système, le gouvernement peut maintenir les droits et les libertés qui ont été garantis par la charte de 1830; s'il peut calmer les ressentimens, éteindre les haines, rétablir l'union dans toutes les familles, assurer leur bonheur et leur prospérité, et augmenter la puissance de la France!

SYSTÈME DE GOUVERNEMENT QUI A POUR BASE LA LÉGITIMITÉ.

Principe de la légitimité.

Légitimité, *légalité* et *justice* sont presque synonymes. Ce qui est légitime est légal et juste (1); ce qui est légal est selon la loi (2); et la loi doit être juste (3).

---

(1) et (2) Définition des mots *légitime* et *légal* (dictionnaire de Lanneau).

(3) « La justice rend à chacun ce qui lui est dû. Elle ren-
« ferme *deux devoirs;* celui de ne pas nuire et celui de protéger.
« L'un et l'autre sont conformes à l'esprit de société. Ils sont
« fondés sur cette loi que la nature a gravée dans le fond de
« nos cœurs, et qui s'exprime de deux manières; ne faites pas
« à autrui ce que vous ne voudriez pas qu'on vous fît; faites
« à autrui ce que vous voudriez qu'on vous fît à vous même.
« Voilà *la justice* et la bienfaisance.

« De ces deux devoirs, le premier oblige également tous
« les hommes, le second regarde plus particulièrement les
« *hommes d'État.* Pères communs de tous les citoyens, ils
« doivent descendre depuis le plus haut rang jusqu'au der-
« nier; aller au bien général, sans être d'aucun parti ni d'au-
« cune cabale, avoir les yeux toujours ouverts, la main tou-
« jours armée contre les perturbateurs de l'ordre.

Il *est juste et légal* que les enfans soient déclarés *légitimes*, lorsqu'ils sont issus d'un mariage contracté suivant les lois divines et humaines.

Il *est juste et légal* qu'un père transmette à son *fils légitime* ses titres, ses droits et ses propriétés (1), et de même il est *juste et légal qu'un roi héréditaire transmette à son héritier légitime sa couronne, ses titres, ses droits et ses propriétés.*

L'autorité royale est l'imitation et la conséquence de l'autorité paternelle. La première est à l'égard des sociétés, ce que la seconde est à l'égard des familles.

Si l'on se reporte à l'origine des sociétés, l'autorité paternelle fut le premier de tous les pouvoirs. Cette autorité d'abord absolue sur l'enfance, devint

---

« Le *devoir* embrasse l'honnête et l'utile. Ces deux qualités « ne se distinguent pas par la pensée. Dans le fait elles sont « inséparables. Tout ce qui est *honnête est* essentiellement « *utile;* et rien n'est vraiment utile, s'il n'est en même temps « honnête. *L'honnêteté* dérive de quatre sources qui sont, *la* « *prudence*, *la justice*, *la force*, et *la tempérance*. » (Offices de Cicéron.)

(1) Dans la république romaine, les fils de patriciens, de chevaliers, de plébéiens, d'esclaves, naissaient patriciens, chevaliers, plébéiens, esclaves.

A Sparte, les fils des ilotes naissaient ilotes, etc.

insensiblement tempérée à mesure que les enfans croissaient en intelligence et en force : et lorsque leur intelligence et leur force furent entièrement développées, le père écouta et même demanda l'avis de ses enfans (ou au moins des plus éclairés d'entre eux) sur ce qui pouvait contribuer au bonheur et à la prospérité de la famille; il pondéra les intérêts divers de ses enfans; il fut leur juge; et s'il délégua à plusieurs de ses fils une partie de son autorité, soit pour l'aider de leurs conseils, soit pour faire exécuter ses ordres, *son autorité et son pouvoir furent supérieurs aux pouvoirs qu'il avait conférés; quoique les enfans réunis fussent incontestablement plus forts que leur père, et pussent par la force se soustraire à son autorité...*

Ce qui forme *l'essence* de la famille forme également *l'essence de la société;* or les familles et la société ne sont portées au bien plutôt qu'au mal, qu'autant qu'elles sont dirigées par une autorité supérieure qui, en raison de son élévation et de sa puissance, peut mieux que personne être toujours juste, et assurer le bonheur de tous les membres de la société.

La résolution et l'exécution, ou en d'autres termes, *les pouvoirs législatif et exécutif* doivent dépendre de cette autorité supérieure, ou au moins, doivent suivre son impulsion, et en ce sens lui être subordonnés.

Dans les temps primitifs, où Dieu lui-même daigna donner à l'homme ses instructions et ses ordres, Dieu fut cette autorité supérieure. Les patriarches furent ensuite ses représentans et ses ministres; et leur volonté fut la loi des familles dont ils étaient les chefs.

Mais, lorsque les hommes commencèrent à méconnaître les bienfaits de leur créateur, ceux qui étaient intelligens et forts, parvinrent à asservir ou à dominer les faibles. Les uns furent réduits à l'esclavage; les autres aperçurent la nécessité de reconnaître un chef qui pût les protéger et les défendre; et qui réunissant la sagesse, la force et la puissance, et se trouvant placé au-dessus de tous les citoyens, devait faire consister son bonheur et sa gloire à faire le bien, et à entretenir la concorde entre tous les membres de la société.

Telles ont été la marche de toutes les sociétés et l'origine de toutes les monarchies; mais avec cette différence que les unes ont été fondées par la soumission volontaire, par des conventions ou par l'élection; tandis que les autres furent le résultat de la conquête, de l'asservissement et de l'usurpation.

Ainsi, dans les monarchies despotiques, le

pouvoir souverain fut conquis ou usurpé ; telle fut la monarchie musulmane.

Dans les monarchies tempérées, le pouvoir souverain participa de la conquête, des soumissions, de conventions et de l'élection. Telle fut la monarchie française !...

Mais lorsque des familles émigrant séparément, se transportèrent sur des terrains non occupés, y fondèrent des établissemens et formèrent successivement des cités, des provinces et une nation ; ou lorsqu'une colonie s'affranchit de l'autorité de la métropole, et que l'union de tous les chefs de famille fut cimentée par un pacte social et une communauté d'intérêts, le gouvernement fut démocratique; tel est celui des États-Unis de l'Amérique.

De même que *la propriété devient légitime* par l'acquisition, et *à défaut de titres par la prescription;* de même *la souveraineté devient légitime par des traités et des conventions, et à défaut de conventions, par la prescription.*

Or, si l'on consulte l'histoire des peuples, *l'autorité souveraine n'est devenue légitime par la prescription, qu'après une jouissance non interrompue et non contestée pendant plusieurs générations... Et certes, elle peut se dire légitime la dynastie qui, de mâle en mâle par ordre de primogéniture, a régné pendant neuf siècles sur la France !!*

Les lois fondamentales de la France étaient :

1° La loi salique ;

2° Les prérogatives de la couronne ;

Et 3° les privilèges des provinces.

La loi salique, appliquée depuis l'origine de la monarchie à la succession de la couronne (1), *a été éminemment utile aux Français*, en les affranchissant des révolutions continuelles qui ont ensanglanté les pays qui ne l'ont point adoptée (et notamment l'Angleterre); aussi le principe de la légitimité a-t-il été considéré comme le *palladium* de la France (2).

---

(1) « Il n'est point parlé de la succession au trône dans la « loi salique ; mais on a, avec raison, appliqué à cette succes- « sion l'article qui exclut les femmes des terres saliques. *Le « célèbre arrêt de* 1328, *et le vœu unanime de la nation ont dé- « terminé le vrai sens qu'on devait donner à cette loi, et celui « qu'elle avoit eu depuis la fondation de la monarchie.* » (De l'esprit de l'histoire par M. le comte Ferrand, tome I, page 147).

(2) « Lorsque le peuple a diposé des trônes, il a souvent « aussi disposé de sa liberté. Le principe de l'hérédité mo- « narchique a été reconnu, pour l'usage, préférable au « principe de la monarchie élective. Les raisons en sont évi- « dentes. Vous choisissez un roi aujourd'hui ; qui vous em- « pêchera d'en choisir un autre demain ? La loi dites-vous ? « La loi ! Et c'est vous qui la faites ! » (Discours de M. le vicomte de Châteaubriand à la chambre des pairs le 7 août 1830.)

Dans le cours de neuf siècles (jusqu'à la révolution de juillet) le principe de la légitimité fut méconnu quatre fois par une partie de la nation.

Pendant le règne et à la mort de Charles VI ;

Lors de la mort d'Henri III ;

Pendant le règne de Louis XVI ;

Et le 20 mars 1815.

Quel fut le résultat de ces atteintes au principe de la légitimité ?

Des assassinats et des massacres! des guerres civiles et des guerres étrangères ! tous les maux qu'elles entraînent, et enfin le *maximum* et la banqueroute nationale !

Charles VII et Henri IV, qui est encore l'idole de la France, firent cesser l'anarchie, en employant la force des armes contre les factieux ; et bientôt la France devint heureuse et puissante !

Louis XVIII, l'olivier à la main, fit cesser, deux fois, la guerre qui embrasait l'Europe ; et délivra deux fois la France du despotisme de Napoléon !... Voilà les bienfaits de la légitimité ! ! Peut-on les méconnaître ! ! !

Les prérogatives de la couronne et les privilèges des provinces ont été aussi très utiles ; car les privilèges (ou droits) des provinces, étaient un obstacle à la volonté arbitraire des rois, ou de leurs délégués ; et les prérogatives de la couronne étaient un obstacle aux usurpations des provinces sur l'autorité du roi (1).

Le bonheur et la prospérité de la France furent attachés à la conservation de ces lois ; dépôts sacrés que le roi devait transmettre intacts à ses successeurs.

Les institutions destinées à consolider la monarchie, doivent participer des causes qui l'ont formée : ainsi, dans telle monarchie, le roi réunit le pouvoir législatif et exécutif ; dans telle autre, il a créé ou fait élire des corps qui participent avec lui au pouvoir législatif ; mais de même que la nature est assujétie, par la divinité, à deux forces opposées, mais toujours subordonnées, qui tendent à attirer et à repousser, à produire et à détruire, et de même que ces for-

---

(1) « Le premier devoir des rois envers leurs peuples, est « de conserver pour leur propre intérêt, les droits et les pré- « rogatives de leur couronne... L'autorité suprême peut seule « donner aux institutions qu'elle établit, la force, la perma- « nence et la majesté dont elle est elle-même revêtue. Ainsi « lorsque la sagesse des rois s'accorde librement avec le vœu « des peuples, une charte constitutionnelle peut être de « longue durée; mais *quand la violence arrache des concessions « à la faiblesse du gouvernement, la liberté n'est pas moins en « danger que le trône même.* » (Préambule de la charte de 1814.)

ces ne peuvent franchir les bornes qui leur ont été prescrites par le roi des rois; de telle sorte qu'elles ne peuvent se détruire, et qu'elles concourent à l'harmonie de l'univers; de même les pouvoirs et les diverses classes de la société agissant séparément dans leur intérêt particulier, doivent être subordonnés à une autorité supérieure qui pondère les intérêts de tous, empêche les désordres, les vexations et l'empiètement des pouvoirs... Or, une autorité antérieure et supérieure peut seule être essentiellement paternelle, et conservatrice de tous les droits et de la liberté publique. *Il est donc nécessaire que le roi légitime soit le pouvoir supérieur, et qu'il ait le droit de modifier les institutions*, avec le concours des autres pouvoirs, et même sans leur concours, lorsque ces modifications sont devenues indispensables pour assurer la conservation de la monarchie et la prospérité du royaume (1). Et l'on n'a point à craindre alors que, sans une indispensable nécessité, le roi ne substitue, aux lois, sa volonté arbitraire; car *il*

(1) Un avocat dont le témoignage ne sera pas révoqué en doute, M. Sausset (en défendant M. de Chantelauze devant la cour des pairs), a démontré qu'aucune royauté ne pouvait être durable, sans un article 14; c'est-à-dire si elle n'était point un pouvoir supérieur.

n'est fort que par la justice ; il a donc intérêt à être juste ; et s'il cessait de l'être, les résistances augmentant en raison de l'injustice des mesures, le souverain perdrait la force morale, sans laquelle il ne peut faire le bien, ni faire respecter son autorité.

Ces réflexions peuvent s'appliquer aux gouvernemens despotiques, aux monarchies légitimes et constitutionnelles, aux gouvernemens représentatifs et aux républiques aristocratiques ou démocratiques : mais l'on reconnaîtra (avec Montesquieu) que les monarchies légitimes et tempérées sont plus durables qu'aucun autre gouvernement ; parce que le roi légitime, qui n'a point à craindre d'être renversé par les factions, ne peut désirer que le bonheur et la gloire de ses peuples. Son autorité est donc nécessairement paternelle et bienfaisante ; et elle ne se manifeste que pour être juste à l'égard de tous, et faire concourir les institutions, le mérite et tous les intérêts à la prospérité du royaume !...

Telle était autrefois, en France, l'autorité royale ! et telle elle serait encore(malgré les fautes des ministères) si 219 députés, en proclamant la souveraineté du peuple, ne s'étaient pas arrogé le droit de juger le roi, et de prononcer sa déchéance et celle de sa postérité ! !

Conséquences du principe de la légitimité.

La justice, la légalité et la légitimité ne doivent pas s'appliquer seulement au droit de succession au trône : elles doivent être aussi la base des institutions et de la législation.

Les souverains et les gouvernemens doivent donc être justes à l'égard des choses et à l'égard des hommes : et les peuples doivent respecter la justice et observer ses lois.

Ainsi, *le devoir de tous les gouvernemens est de protéger et favoriser les intérêts religieux, les intérêts moraux et les intérêts matériels de la société*; et, en conséquence, il fera respecter la religion, la morale et l'ordre. La religion, la morale et l'honneur seront les bases de l'éducation et de l'instruction : la morale, l'honneur et les lois seront en harmonie avec les cultes protégés par l'Etat, et particulièrement avec celui du plus grand nombre des régnicoles. L'ordre, lui-même, sera en harmonie avec la morale et l'honneur, et devra concourir au bonheur du peuple et à l'accroissement des richesses : enfin la liberté individuelle, la liberté des cultes, la liberté de l'enseignement et la liberté de la presse ne devront pas dégénérer en licence et troubler l'ordre; car elles seront assujéties aux règles que prescrivent la religion et la morale.

Ainsi, la vertu sera honorée; les services récompensés; les abus et les désordres réprimés; les crimes punis : la possession, la production et la consommation des richesses et toutes les industries suffisamment protégées et favorisées; et, en définitive, les intérêts des particuliers seront subordonnés à l'intérêt général de l'État.

Voilà les devoirs de tous les gouvernemens; et *les insurrections et les révolutions ne sont arrivées que lorsque les gouvernemens et les peuples ont méconnu leurs devoirs :* mais ces devoirs dérivant naturellement du principe de la légitimité, il semble qu'un système de gouvernement qui serait la conséquence de ce principe, garantirait le bonheur et la prospérité de la France.

Système de gouvernement qui est la conséquence du principe de la légitimité.

Le gouvernement doit,

1° Etre *prudent, juste* et *fort ;*

2° *Se faire aimer, respecter* et *craindre ;*

3° *Établir* entre l'autorité et toutes les classes de la société, qui ont des intérêts différens, *des intermédiaires* (ou *médiateurs*) qui soient les organes de ces diverses classes auprès de l'autorité, et les auxiliaires de l'autorité auprès de ces mêmes classes;

Enfin, 4° suivre avec constance un système religieux, moral et politique qui soit la conséquence de principes immuables.

Nous allons développer ces diverses assertions.

1° *Etre* PRUDENT, JUSTE *et* FORT.

La souveraineté devant représenter, en quelque sorte, la Divinité sur la terre; la *sagesse*, la *justice* et la *force*, attributs inséparables de la Divinité, devraient être les attributs du souverain et de son gouvernement.

La prudence, ou sagesse, n'existe pas sans la justice; ni la justice sans la force, qui fait exécuter ce que la sagesse prescrit.

2° *Se faire* AIMER, RESPECTER *et* CRAINDRE.

Une juste répartition de bienfaits et d'honneurs fera aimer le souverain et son gouvernement.

Des mesures, des ordonnances et des lois équitables, opportunes et utiles commanderont le respect;

Et l'exécution des lois inspirera une crainte salutaire à celui qui voudrait les violer.

3° « *Établir entre l'autorité et toutes les « classes de la société, des intermédiaires (ou « MÉDIATEURS) qui soient les organes de ces « diverses classes auprès de l'autorité, et les « auxiliaires de l'autorité auprès de ces mêmes « classes.* »

La réunion de l'*amour*, du *respect* et de la *crainte* est indispensable pour assurer la stabilité des institutions et la prospérité des empires. Mais cette stabilité et cette prospérité ne pourraient s'obtenir, si les délégués du pouvoir n'étaient pas constamment *prudens*, *justes* et *forts*, et si le gouvernement n'établissait pas entre lui et chacune des classes d'individus qui ont des intérêts différens, des intermédiaires (ou *médiateurs*) qui lui fissent connaître et apprécier les demandes, les réclamations et les plaintes ; car il doit satisfaire les besoins réels, corriger les abus, réprimer les désordres ; et lorsque l'État est privé de ces *médiateurs*, la vérité est souvent ignorée, les bienfaits et les faveurs ne sont pas toujours accordés aux plus dignes ; les mesures, les ordonnances et les lois sont imparfaites ; et, alors, le mécontentement devenant la conséquence des injustices à l'égard des hommes et à l'égard des choses, l'attachement diminue, le respect s'éteint et le gouvernement perd la force morale qui seule peut le faire respecter et craindre.

Cette *nécessité d'intermédiaires* (*médiateurs*) entre le pouvoir ou ses délégués, et les diverses classes de la société, est la conséquence du *principe éternel* que la religion chrétienne a découvert à l'homme; « *aucune cause ne produit d'effet sans* « *médiateur.* »

4° « *Suivre avec persévérance un système reli-* « *gieux, moral et politique qui soit la conséquence* « *de principes immuables.* »

L'adoption de ce système est la conséquence des doctrines qui précèdent; et ce système devenu la règle de l'État, doit être suivi, chez tous les peuples (quelle que soit la forme du gouvernement), mais plus particulièrement encore, lorsqu'une charte a reconnu des droits et que deux chambres participent à la puissance législative : car alors, il faut à la fois respecter les droits consacrés, et fixer les doctrines et le système du gouvernement de telle sorte que les chambres ne puissent jamais les faire changer.

Les changemens de mœurs peuvent nécessiter des modifications dans la manière d'administrer; mais les principes du gouvernement doivent être invariables; et lorsque les mœurs dégénèrent, il y a urgence de ranimer les sentimens religieux dans toutes les classes de la société, et de rattacher plus étroitement la morale politique à la morale religieuse, en créant et en favorisant des institutions religieuses et morales.

Enfin, l'observation des préceptes religieux et moraux n'est pas moins nécessaire pour assurer le succès des intérêts matériels.

DÉVELOPPEMENS DU SYSTÈME DE LA LÉGITIMITÉ, COMPARÉS A CEUX DE LA SOUVERAINETÉ DU PEUPLE ET DE LA QUASI-LÉGITIMITÉ.

Nous allons indiquer ces développemens, en ce qui concerne particulièrement :

1° La souveraineté ;
2° Les libertés publiques ;
3° Les divers cultes et l'éducation ;
4° La législation ;
5° La chambre des pairs ;
6° La chambre des députés ;
7° L'égalité ;
8° La noblesse ;
9° La magistrature ;
10° L'armée ;
11° L'administration.

1° La Souveraineté.

D'après le système de la souveraineté du peuple

Le peuple seul est souverain. Son pouvoir est illimité et imprescriptible : il résulte de la force du peuple ; et la force du peuple est sa suprême loi...

D'après le système de la quasi-légitimité.

La souveraineté appartient au peuple, mais il abdique sa souveraineté, lorsqu'il élit un roi héréditaire.

D'après le système de la légitimité.

La souveraineté peut être le résultat de la conquête, de l'asservissement et de l'usurpation, ou de la soumission volontaire, des conventions et de l'élection ; ou elle peut participer de la conquête, de l'usurpation, des soumissions, des conventions et de l'élection ; mais *la souveraineté ne devient légitime* que par des traités et des conventions, ou par la prescription : et *la prescription ne s'acquiert que par une jouissance non interrompue et non contestée pendant plusieurs générations.*

En France, les lois fondamentales (depuis 9 siècles) étaient :

1° La loi salique ;

2° Les prérogatives de la couronne ;

3° Les privilèges des provinces.

La souveraineté résidait dans le roi légitime ; et la religion, et les lois fondamentales consacraient la légitimité du roi...

La religion, la morale et l'honneur font la force

du roi légitime, et subordonnent les intérêts particuliers des individus à l'intérêt général du royaume.

2° Les libertés publiques.

Suivant le système de la liberté du peuple.

La liberté (de même que le pouvoir) *doit être illimitée et imprescriptible.* Tous les peuples sont appelés à la conquérir ; et *cette conquête doit faire leur bonheur...* Ainsi, le bonheur de l'homme consisterait à satisfaire ses besoins, ses désirs et ses passions !

Mais, en appliquant ce système, les hommes qui s'emparent du pouvoir prétendent seuls jouir de cette liberté illimitée, ou plutôt de la licence d'opprimer tous ceux qui croient que la souveraineté du peuple est un principe de désordre, d'anarchie et de tyrannie...

Suivant le système de la quasi-légitimité.

La liberté doit être restreinte conformément aux règles d'une morale humaine que les circonstances peuvent faire modifier ; et ces restrictions sont utiles toutes les fois qu'elles peuvent servir à conserver le pouvoir aux partisans de la *quasi-légitimité.*

Suivant le système de la légitimité.

L'homme ne peut être heureux qu'en remplissant envers Dieu, envers les hommes et envers lui-même les devoirs que la religion lui impose.

La religion subordonne la liberté à ces devoirs; et en conséquence l'homme ne doit rien faire, rien écrire, rien publier qui puisse outrager la religion de l'État ni les autres cultes, ni le souverain légitime qui, en quelque sorte, représente la Divinité sur la terre.

De même, il ne doit pas être permis de publier des écrits calomnieux ou diffamatoires; et toute violation de ces règles (que la religion elle-même a prescrites) doit entraîner une punition légale.

Ainsi, la liberté de l'homme consistant à pouvoir faire, écrire et publier tout ce qui ne nuit pas à autrui et à la société, tous les écrits politiques qui rappelent des vérités immuables et qui tendent à améliorer la législation et l'administration, seront accueillis avec bienveillance par le roi légitime; car il ne peut avoir qu'un but; *rendre la nation heureuse et puissante*. Tel est son droit et tels sont ses devoirs! Il lui importe donc de connaître les besoins et les abus, pour satisfaire les uns, pour réprimer les autres, et pour améliorer les institutions et les parties de l'administration qui en sont susceptibles.

Le bonheur de la France pourrait-il exister si le roi qui doit être la source de tous les bienfaits, pouvait ignorer la vérité ! !

3° Les divers cultes et l'éducation.

D'après le système de la souveraineté du peuple.

La religion, la morale et l'honneur doivent être bannis de l'éducation publique, de la législation et des institutions ; car ils entraveraient l'usage de la liberté qui doit être illimitée et indéfinie, pour ceux qui ont le pouvoir.

D'après le système de la quasi-légitimité.

La nécessité apparente d'entraver le moins possible la liberté illimitée que réclament les partisans de la souveraineté du peuple ; mais l'intention positive d'affranchir le gouvernement des devoirs que lui prescrit la religion, fait bannir le nom de Dieu de l'éducation publique, et fait rendre la législation *athée*, en ce sens qu'elle ne sera pas mise en harmonie avec la loi religieuse.

Ainsi, sous le prétexte de l'utilité générale, le

gouvernement pourrait se conserver le monopole de l'éducation publique, ou restreindre arbitrairement la liberté de l'enseignement, suivant les circonstances, l'altération des mœurs et l'intérêt particulier des hommes qui sont au pouvoir.

Et de même ils pourraient être privés de toutes les libertés que la ch arte de 1830 a promises à tous les Français, si l'opinion de la majorité des députés paraît favorable à des mesures exceptionnelles et arbitraires.

D'après le système de la légitimité.

Les rois et les peuples ont les mêmes devoirs à remplir à l'égard de Dieu.

Or, le devoir envers Dieu consistant à l'adorer, à le craindre, et à observer sa loi, la religion du prince et de l'immense majorité des Français sera nécessairement la religion de l'État ; car l'État doit avoir une religion : mais tous les Français jouiront de la liberté de conscience, et tous les cultes seront protégés.

La religion doit être la base de l'éducation dans tous les collèges et les pensionnats, soit que des professeurs de l'université, des laïcs, des ecclésiastiques, des congrégations religieuses ou des ministres de cultes dissidens les dirigent.

Les familles pourraient donc faire élever leurs enfans dans les collèges ou les institutions qui leur inspireraient le plus de confiance ; ceux-ci seraient affranchis de la rétribution universitaire ; et une louable émulation de bien faire serait alors excitée entre toutes les maisons d'éducation pour rendre les *Français fidèles à leur Dieu*, *à leur Roi et à leur pays*.

L'université cesserait d'avoir le monopole de l'instruction ; mais les collèges et les pensionnats recevraient leur institution du *ministre de l'éducation et de l'instruction publique*, qui ne pourrait la refuser aux hommes qui justifieraient de leurs bonne vie et mœurs, et auraient déclaré quelle est la religion qu'ils se proposent d'enseigner.

Enfin, le ministre pourrait confier à des inspecteurs ecclésiastiques désignés par les évêques, la surveillance des collèges et des institutions dirigés par des ecclésiastiques ou des laïcs catholiques; à des inspecteurs protestans désignés par les consistoires des cultes dissidens, la surveillance des pensionnats dirigés par les hommes qui professent ces divers cultes ; et, de même, à des inspecteurs juifs désignés par les rabbins, la surveillance des pensionnats dirigés par des juifs ; cette surveillance étant nécessaire pour s'assurer qu'on n'y permet rien de contraire aux bonnes mœurs et à l'ordre public.

4° La législation.

D'après le système de la souveraineté du peuple.

La législation doit être *athée*, et ne doit s'occuper que d'intérêts matériels.

« En effet; *le pouvoir et la liberté imprescrip-
« tibles du peuple* ne résultent ni de principes
« religieux, ni de la morale, ni de l'honneur, ni
« de la justice, ni du droit : ils résultent unique-
« ment *de la force considérée comme la suprême
« loi du peuple.* Donc son pouvoir et sa liberté
« doivent être illimités; mais, d'ailleurs, quelle
« autre autorité qu'une force arbitraire et tyran-
« nique pourrait imposer des restrictions à la li-
« berté, lorsque la force du peuple exerce seule
« une souveraineté imprescriptible; et que par
« conséquent elle ne reconnaît ni règle ni frein
« et ne se soumet ni aux lois religieuses, ni aux
« lois de la morale, ni aux lois civiles ! ! »

Ainsi, la législation sera mobile comme les intérêts qu'elle devra protéger; et elle ne protégera que les intérêts matériels du parti qui sera parvenu au pouvoir...

La souveraineté populaire changera donc ou modifiera sans cesse le système du gouvernement, pour protéger des *intérêts matériels*, ou plutôt *elle n'aura aucun système;* car à quel signe reconnaîtra-t-elle les intérêts matériels de l'État, lorsque tous les intérêts sont isolés et contestés? Et comment le gouvernement pourra-t-il apprécier les besoins réels, s'il n'est entouré que d'individus qui préfèrent leur intérêt particulier à l'intérêt de l'État?

D'après le système de la quasi-légitimité.

La législation ne sera pas mise en harmonie avec la loi religieuse; la morale et l'honneur suffisant pour indiquer ce qui est bien et ce qui est mal... La législation ne doit donc avoir pour base que les intérêts moraux et les intérêts matériels.

Quant à la morale humaine ou philosophique, elle se modifiera suivant les circonstances, l'altération des mœurs et l'intérêt du gouvernement.

Ainsi, il sera *moral* que le peuple, ou même une fraction du peuple ait changé, *par la force,* le principe et la forme du gouvernement qui durait depuis 14 siècles; mais il serait *immoral* que le peuple eut le droit de détrôner le roi et de changer la charte, qu'il est censé s'être donnés par l'organe de 219 députés et de 89 pairs !

Ainsi, il sera *moral* d'exiger un serment qui est une violation du principe de la souveraineté du peuple et de la charte du 7 août 1830 ! et il serait *immoral* que les électeurs prétendissent exercer leurs droits, sans se soumettre à un serment qu'on n'a pas le droit de leur imposer ! et même il serait *immoral* qu'ils déclarassent que *ce serment est nul et comme non avenu*, parce qu'il viole les droits imprescriptibles du peuple ; et que, d'ailleurs, renfermant deux obligations qui s'annihilent et se détruisent réciproquement *(être fidèle à Louis-Philippe et à la charte)*, ce serment est *un non sens*, et par conséquent n'est qu'*une vaine formalité qui ne peut leur imposer aucune espèce d'obligation !!*

Il sera *moral*, en faisant une loi pour l'organisation de la garde nationale, d'y introduire des dispositions d'après lesquelles le gouvernement peut suspendre, arbitrairement, dans telle partie de la France que bon lui semblera, l'organisation de cette garde, ou en faire exclure les hommes qu'il ne croit pas favorables au système de la *quasi-légitimité !*

Ainsi, quoique « la charte et les droits qu'elle « consacre demeurent confiés au patriotisme et au

« courage des gardes nationales ; » (art. 65 de la charte) il sera *moral* de conserver des prolétaires dans cette garde, et d'y appeler des étrangers non naturalisés ; tandis qu'on portera au contrôle de réserve, c'est-à-dire, qu'on excluera un nombre considérable de Français qui doutent de l'excellence du système de la *quasi-légitimité !*

Ainsi, quoique la charte ait proclamé que « chacun professe son culte avec une égale liberté, et « obtient pour son culte une égale protection ; » il sera *moral* que le gouvernement fasse envahir des églises catholiques pour les mettre à la disposition de prêtres interdits !

Il sera *moral* que, pour faire plaisir à quelques athées, le gouvernement fasse abattre ou laisse abattre les croix et dévaster et profaner des églises, et fasse défendre les processions extérieures du culte catholique, même dans les villes où l'immense majorité des citoyens est catholique !

Il sera *moral* d'ordonner la démolition de Saint-Germain-l'Auxerrois et de l'archevêché de Paris ! (pour complaire, sans doute, aux forçats libérés qui ont profané Saint-Germain-l'Auxerrois, et dévasté et pillé l'archevêché, et commencé la démolition de ces monumens).

Il sera *moral* que le gouvernement persécute les ultramontains et les prive du droit d'enseigner! comme si les ultramontains n'étaient pas des catholiques reconnus comme tels par le pape : comme si l'ultramontanisme, quand même il serait une secte dissidente, n'aurait pas un droit égal à la liberté et à la protection que l'article 5 de la charte a promises à tous les cultes! comme si les Français ultramontains pouvaient être privés de l'égalité devant la loi! (Égalité que l'art. 1 de la charte de 1830 a *promise à « tous les Français,* « quels que fussent d'ailleurs leurs opinions, leurs « titres et leurs rangs. »)

La 8e disposition supplémentaire de la charte « a promis également la liberté de l'enseigne-« ment ; » néanmoins, il sera *moral* de conserver le monopole et les rétributions universitaires, et de poursuivre, devant les tribunaux, quiconque veut établir une école, même gratuitement!

Enfin, il sera *moral* de mettre une partie de la France hors du droit commun; et de tirer, sans sommation préalable, sur des individus qu'on suppose réfractaires ou légitimistes! quoique « la « liberté individuelle soit garantie; et que per-« sonne ne puisse être poursuivi ni arrêté que « dans les cas prévus par la loi, et dans la forme « qu'elle prescrit » (Art. 4 de la charte), etc., etc.

En définitive, « la morale humaine se confor-« mant successivement aux caprices, aux erreurs

« et aux variations de l'opinion publique, ce qui « était reconnu immoral, depuis plusieurs siècles, « pourra être déclaré moral !! » Or, si cette morale est la base de la législation, il faudra modifier sans cesse la législation et les institutions.

D'après le système de la légitimité.

Les lois civiles seront mises en harmonie avec les lois religieuses; ainsi, toutes les communions chrétiennes, et même la religion judaïque présideront à la naissance, à l'éducation et au mariage des hommes.

Les cérémonies des cultes ne dispenseront pas des actes civils. Mais elles les sanctifieront; et la réunion de l'acte religieux et de l'acte civil deviendra nécessaire pour constater légalement la naissance et le mariage.

Personne ne pourrait se plaindre de ce que les cérémonies religieuses, prescrites par chaque culte, fussent nécessaires pour valider les actes publics, ni de ce que les enfans fussent élevés dans la religion de leur père. Supposera-t-on qu'il existe des hommes sans religion, ou dont la religion soit l'athéisme? Mais l'*athéisme* n'est pas une religion. C'est *une opinion anti-sociale.* Le gouvernement ne doit donc pas la reconnaître. Il ne peut pas y croire; et, pour lui, la religion des hommes est celle dans laquelle ils sont nés ou celle de leurs aïeux, jusqu'à ce qu'ils en aient changé d'une manière authentique.

Quant aux différences que chacune d'elles peut apporter aux mœurs (et, par exemple, relativement aux empêchemens de mariage, au divorce, etc.) il paraît nécessaire, dans ces circonstances exceptionnelles, de défendre aux hommes, par la loi civile, ce que leur religion prohibe : ou si l'on veut que les lois soient les mêmes pour tous les régnicoles, il y a nécessité de mettre la loi civile en harmonie avec les croyances de l'immense majorité des Français; car il y aurait de bien plus grands inconvéniens à permettre civilement ce que prohibe la loi catholique, qu'à défendre aux dissidens ce qu'autorise leur loi religieuse.

5° La chambre des pairs.

D'après le système de la souveraineté du peuple.

L'élection des pairs (ou sénateurs) devrait être faite dans chaque département par tous les individus qu'ils doivent représenter; et les fonctions de pairs seraient temporaires.

D'après le système de la quasi-légitimité.

Le roi seul devrait nommer les pairs de France, et ils devraient être héréditaires; mais, pour obtenir l'assentiment de la chambre des députés, le gouvernement se prêtera aux diverses combinaisons qu'elle voudra faire prévaloir.

Ainsi, le roi ne pourra choisir les pairs que dans des catégories spécifiées par la chambre; et il ne pourra conférer qu'un titre à vie, si la chambre des députés exige ces conditions.

D'après le système de la légitimité.

Il est indispensable que les chambres qui participent avec le roi au pouvoir législatif, réunissent aux vertus et au mérite les sentimens les plus honorables, et n'oublient jamais que leur devoir est d'être *fidèles à Dieu, au Roi* et *à la France.*

L'expérience a démontré que la pairie établie par la charte de 1814, n'avait point de racines en France. Et, en effet, cette haute dignité n'a pas toujours été la récompense de la vertu, du mérite et des services. Elle a été accordée plusieurs fois dans l'intérêt seul des ministres qui ont provoqué les nominations : et cette chambre ne représentant que le roi (qui l'avait nommée) et elle-même, paraissait isolée au milieu de la nation. Elle n'a donc pu avoir la même influence que la chambre des députés, élue par des électeurs qui avaient la prétention de représenter toutes les classes de la société.

Le roi légitime pourrait adopter une combinaison qui donnerait, à la chambre des pairs, une influence au moins égale à celle de la chambre des députés (1).

---

(1) Il semble que ce résultat s'obtiendrait, si la chambre des pairs se composait de pairs nommés directement par le roi, et de pairs choisis par le roi sur une liste triple de candidats élus par des colléges électoraux.

Le titre et les fonctions des premiers pourraient être héréditaires. Leur nombre serait illimité.

Le titre des seconds pourrait être héréditaire, mais leurs fonctions temporaires (pour 5, 7 ou 10 ans) à moins que le roi ne rendît ces fonctions héréditaires; ce qui nécessiterait alors d'autres présentations par les colléges électoraux qui les avaient élus candidats.

Le nombre des pairs choisis par le roi sur les présentations des colléges électoraux, serait proportionné à l'importance, soit de la population seule, soit de la population et de la

6° La chambre des députés.

Suivant le système de la souveraineté du peuple et le système de la quasi-légitimité.

L'élection des députés doit être faite, dans chaque arrondissement, par tous les individus qu'ils doivent représenter; et le droit de participer à l'élection des députés, devrait appartenir à tous les Français.

Mais, lorsque la chambre des députés de 1830

---

richesse des provinces ou départemens; leur richesse pouvant être appréciée approximativement par les impôts qu'ils paient.

Peut-être conviendrait-il aussi que les pairs, dont les fonctions seraient temporaires, ne pussent être réélus qu'après un laps de quelques années, afin que le nombre des familles pairesses s'augmentât en France, et ne fût pas borné à 300 ou 400.

Il semble que cette combinaison réunirait ces avantages:

1° D'appeler successivement toutes les grandes notabilités de France aux travaux de la chambre des pairs;

2° De récompenser dignement les plus grands services;

Et 3° de rendre cette institution tout-à-fait nationale; puisque les grands services donneraient des droits à obtenir le *titre de pair* soit du roi seul, soit par le suffrage de ses concitoyens et le choix du roi.

a refait la loi d'élection, les partisans de la souveraineté du peuple et de la quasi-légitimité, se sont accordés à exclure des collèges électoraux, les savans, les administrateurs, les magistrats, les propriétaires, les industriels, les artistes et les rentiers qui paient moins de 200 fr. de contributions directes: et les députés qui ont fait *prévaloir ces exclusions*, ont déclaré que, sans elles, les collèges électoraux nommeraient des légitimistes.

Ainsi, de l'aveu des partisans de la souveraineté du peuple et de la quasi-légitimité, la majorité des Français qui paient des contributions directes regrettent le principe de la légitimité!!

Suivant le système de la légitimité.

Une loi d'élection, d'après laquelle la plupart des députés sont élus sous l'influence, soit d'un ministère, soit d'un comité directeur (ou gouvernement occulte), ne remplit pas l'attente de la France.

En effet, les députés élus sous l'influence d'un ministère, n'ont rien à lui refuser et peuvent tout en obtenir. Une opposition se forme alors en dehors de la chambre, et accuse les députés ministériels d'incapacité, de servitude, d'égoïsme et d'ambition.

D'un autre côté, une chambre élue sous l'influence d'un comité directeur (ou gouvernement occulte) est nécessairement entraînée, par cette même influence, à renverser le ministère, ou même à changer la forme du gouvernement, si ce moyen extrême peut seul procurer le pouvoir aux chefs du parti.

Une loi d'élection n'est pas bonne parce qu'elle appelle un nombre plus ou moins considérable de citoyens à concourir aux élections de députés ; et elle ne doit pas être faite dans le but de satisfaire l'amour-propre ou la vanité des individus qui peuvent être flattés d'être électeurs ; car *la loi ne sera véritablement utile*, que *lorsque, par son exécution, les Français les plus recommandables par leur probité et leur mérite, étant nécessairement élus à la chambre des députés, le roi sera certain de voir accueillir toutes les pensées justes et utiles, et repousser les projets inopportuns, dangereux et nuisibles ;* et jusqu'à ce que ce résultat soit obtenu, ce sera un devoir de modifier la loi d'élection.

Le roi légitime (en consultant le passé) pourrait combiner le mode d'élection de manière à *obtenir ce résultat*, et néanmoins faire participer aux élections un nombre immense de citoyens, ainsi que cela a eu lieu sous Louis XV et sous

Louis XVI, et notamment pour la nomination des députés aux États-généraux (1).

7° L'égalité.

D'après le système de la souveraineté du peuple.

Tous les habitans ont des droits *égaux* à la souveraineté et à la jouissance d'une liberté illimitée : mais la force étant la suprême loi du peuple, *le pouvoir souverain et la liberté illimitée n'appartiennent, en définitive, qu'à ceux qui se sont emparés du pouvoir;* et les régnicoles étant alors divisés en vainqueurs et en vaincus, *les uns sont tout-puissans et disposent de toutes les places; les autres sont opprimés et privés de leurs droits politiques et de leurs libertés*, et deviennent des ilotes politiques.

Voilà l'égalité que procurent le principe et le système de la souveraineté du peuple.

---

(1) Si mes loisirs me le permettent, j'achèverai et je publierai une analyse de tous les modes d'élection qui ont eu lieu en France depuis 1765 jusqu'à ce jour : et l'on reconnaîtra que de tous ces modes d'élection *le plus libéral et le plus paternel* fut celui que Louis XVI établit pour l'élection des députés aux États-généraux : et cependant Louis XVI a péri sur un échafaud !

D'après le système de la quasi-légitimité.

Les régnicoles ont des droits *égaux* à la souveraineté ; mais le peuple est censé aliéner sa souveraineté, lorsqu'il élit un roi héréditaire.

Cependant la nation française n'a point été appelée à choisir entre la souveraineté du peuple et la quasi-légitimité et la légitimité ! et néanmoins, quelle que soit l'opinion de la majorité des Français (quand même elle serait favorable à la souveraineté du peuple, ou à la légitimité), les *quasi-légitimistes* se prétendent fondés à conserver le pouvoir, par tous les moyens possibles, et même par les plus violens et les plus tyranniques !

C'est ainsi que le gouvernement a écarté successivement, de la plupart des places, les légitimistes et même des partisans de la souveraineté du peuple ; et veut priver les premiers de leurs droits politiques, et les uns et les autres de leurs libertés. Les *quasi-légitimistes* n'admettent donc pas l'égalité des Français !

D'après le système de la légitimité.

L'égalité des hommes, sous le rapport de leur intelligence et de leur force, est contraire à la nature : par conséquent l'égalité des fortunes est impossible. Mais le système de la légitimité étant à la fois religieux, moral et politique, les hommes sont *égaux devant la loi;* c'est-à-dire, jugés d'après les mêmes codes. Tous les régnicoles peuvent embrasser toute espèce de carrière ou profession, en se conformant aux conditions prescrites dans l'intérêt de la société, et dans l'intérêt des individus qui exercent ces divers états; ils y obtiendront de la considération par une conduite honorable; et le gouvernement établira toutes les institutions et distinctions qui peuvent contribuer à l'ordre et à la prospérité de la société.

8° La noblesse.

D'après le système de la souveraineté du peuple.

La noblesse doit être supprimée : car tous les hommes sont égaux, en ce sens qu'ils ont un droit égal à la souveraineté; et d'*une émeute peut sortir légalement un gouvernement* à la tête duquel se trouveraient des hommes de toutes les classes de la société. « Il ne doit donc y avoir, entre les « hommes, d'autre distinction que celle de l'in- « telligence et de la force (c'est-à-dire de leur in- « fluence ou puissance) quelles que soient d'ail- « leurs leurs vertus ou leurs vices. » *Un individu puissant sera un grand citoyen*; mais cette qualification même ne sera pas héréditaire....

D'après le système de la quasi-légitimité.

La noblesse peut être utile comme moyen de satisfaire l'amour-propre et la vanité des hommes; mais n'est pas indispensable.

La *quasi-légitimité* forcée de ménager les partisans de la souveraineté du *peuple*, au nom duquel elle s'est emparée du pouvoir, ose à peine accorder des anoblissemens, donner des titres, ou exiger des majorats. Elle connaît l'*antipathie* des partisans de la souveraineté du peuple pour la noblesse et pour toutes les distinctions sociales, et elle craint les critiques et les reproches des révolutionnaires.

D'après le système de la légitimité.

Les hommes qui se distinguent par la noblesse des sentimens et par les services rendus à l'État et à la société, méritent le titre de NOBLE. La noblesse est la récompense des services. Elle transmet des traditions utiles, et des principes d'honneur qui se perpétuent dans les familles, contribuent à rendre les sujets fidèles et dévoués à leur roi et à leur pays, et peuvent les rendre dignes d'être appelés à la chambre des pairs...

Suivant l'importance des services, la noblesse peut être héréditaire ou personnelle.

Les anoblissemens, les maintenues, les confirmations de noblesse et les créations de majorats sont donc utiles; les uns, pour constater la noblesse; les autres, pour perpétuer les titres; et il semble que l'érection des majorats doit être encouragée, mais sans rien changer d'ailleurs à la législation actuelle.

En faisant revivre les dispositions d'anciens édits royaux, et en les coordonnant avec des dispositions nouvelles, les hauts grades dans l'armée de terre et de mer, et dans les ordres militaires et civils, pourraient conférer la noblesse héréditaire; et d'autres grades d'officiers et le titre de membre des ordres militaires et civils, la noblesse personnelle.

Les fonctions de membre inamovible des cours de cassation, des comptes et des cours royales, pourraient transmettre la noblesse héréditaire.

Les fonctions de maire et d'adjoint des bonnes villes; celles des membres des conseils provinciaux ou départementaux; celles de membres inamovibles des tribunaux de première instance et de commerce; celles des juges de paix, et celles de membres des chambres d'agriculture, de manufactures, de commerce, et de président du conseil des prud'hommes pourraient (après un certain nombre d'années) conférer la noblesse personnelle, et donner des droits à obtenir la noblesse héréditaire.

Les fonctions du parquet, dans les cours souveraines et dans les tribunaux de première instance, pourraient également, après un certain nombre d'années, transmettre aux uns la noblesse héréditaire, aux autres la noblesse personnelle.

En appelant, enfin, dans les rangs de la noblesse tous les hommes qui, par la noblesse de leurs sentimens et par leurs services, honorent le plus leur famille et leur pays, *la noblesse deviendra une institution éminemment utile et nationale.*

9° La magistrature.

D'après le système de la souveraineté du peuple.

La justice doit se rendre *au nom du peuple.*

Les magistrats doivent être élus par leurs justiciables, et ne peuvent être inamovibles; car le peuple qui a le droit d'élire ses juges, a nécessairement le droit de les révoquer; et d'ailleurs la souveraineté du peuple, ayant remplacé la légitimité, ne peut conserver des juges qui ont été nommés par le roi légitime, et qui ont reçu de lui l'inamovibilité...

D'après le système de la quasi-légitimité.

La justice se rend au nom du roi *quasi-légitime*. Les juges, nommés par les rois légitimes, mais qui ont prêté serment à Louis-Philippe et à la charte du 7 août 1830, peuvent conserver leur inamovibilité.

Les vacances nombreuses qui ont eu lieu (par suite du refus d'un grand nombre de magistrats de faire le serment qu'on exigeait d'eux) et les vacances naturelles qui résultent de la mort ou de la retraite des titulaires ; enfin l'amovibilité de tous les membres des parquets et des juges de paix, donnent au gouvernement *quasi-légitime* des moyens suffisans d'influence sur la magistrature.

D'après le système de la légitimité.

« Toute justice émane du roi ; elle s'administre « en son nom par des juges qu'il nomme et qu'il « institue. » (Art. 57 de la charte de 1814.)

« Les juges nommés par le roi sont inamovi-« bles. » (Art. 58.)

L'inamovibilité est nécessaire pour les rendre indépendans de toute influence contraire à la justice.

« L'institution des juges de commerce et des « juges de paix est conservée (art. 60 et 61); et « nul ne peut être distrait de ses juges naturels. » (Art. 62.)

« L'institution des juris est également conser- « vée. » (Art. 65) Mais si l'expérience a démontré qu'il y a de graves inconvéniens à faire juger les délits politiques par les juris, cette nature de délits pourrait être jugée par les cours royales.

La peine de mort pour crimes politiques pourrait être abolie, et remplacée par la prison ou l'exil qui, suivant la gravité des faits, pourrait être à temps ou à perpétuité.

10° L'armée.

D'après le système de la souveraineté du peuple.

Tous les Français âgés de 20 ans doivent satisfaire à la loi de recrutement; en outre « ils sont « appelés à faire partie de la garde nationale jus- « qu'à l'âge de 60 ans, et sont susceptibles d'être « mobilisés jusqu'à l'âge de 35 ans, pour secon- « der l'armée de ligne. Le service de la garde na- « tionale est obligatoire et personnel. » (Loi de 1830.)

Mais les élections de sous-officiers et d'officiers, dans les armées de terre et de mer, et dans la garde nationale, *devraient être faites* par les militaires, les marins et les gardes nationaux, de la manière que nous avons indiquée dans les développemens du principe de la souveraineté du peuple.

Il faudrait donc ôter au roi la nomination des officiers de terre et de mer, et le choix ou la nomination des officiers supérieurs ou d'état-major de la garde nationale; car (sous le rapport des nominations attribuées au roi) l'article 13 de la charte du 7 août 1830 et la loi relative à l'organisation de la garde nationale ont violé le principe de la souveraineté populaire. Une autre loi peut annuler ces dispositions violatrices des droits du peuple.

D'après le système de la quasi-légitimité.

La loi de recrutement et la loi de 1830, relative à l'organisation de la garde nationale, doivent être exécutées, *malgré les violations évidentes du principe de la souveraineté du peuple*. Les conséquences de ce principe sont repoussées par les quasi-légitimistes...

Mais *le gouvernement quasi-légitime*, *étant sorti d'une émeute*, ne peut réprimer efficacement les insubordinations et les révoltes des soldats contre leurs officiers, et des officiers contre leurs chefs. Aussi des officiers ont-ils été chassés des régimens par leurs soldats ; et des officiers-supérieurs et même des généraux ont été méconnus, insultés, et forcés d'abandonner les commandemens auxquels ils avaient été nommés par le roi *quasi-légitime*.

Le gouvernement quasi-légitime est donc impuissant pour maintenir la subordination et la discipline dans les corps militaires, et même dans la garde nationale!..

D'après le système de la légitimité.

« Le roi est le chef suprême de l'État, il com-
« mande les forces de terre et de mer... nomme
« à tous les emplois d'administration publique...»
(Art. 14 de la charte de 1814). En conséquence il nomme tous les officiers des armées de terre et de mer et de la garde nationale...

Le roi légitime peut, en temps de paix, diminuer extrêmement le service de la garde nationale et même le suspendre... Il *n'a jamais besoin* d'armer et d'équiper un million, ni quinze cent mille, ni, à plus forte raison, trois millions cinq cent mille gardes nationaux (ce qui serait une charge énorme pour l'État, et intolérable pour les contribuables); ni d'assujétir tous les citoyens à un service pénible qui les enlève à leurs occupations, fait diminuer les productions, prive les familles du prix des travaux des pères et des enfans, et les force de diminuer leurs consommations....

Une armée bien instruite et bien disciplinée peut satisfaire à tous les services; et cette armée elle-même sera satisfaite, si sa solde et le prix des retraites sont suffisans; si pour des travaux utiles à l'État (par exemple, la confection de canaux et de routes) les militaires obtiennent une *augmentation de solde*, dont une partie placée dans une caisse d'épargne, ou versée à la caisse des dépôts et consignations, rapporterait un intérêt à ces militaires; et si les intérêts cumulés joints à la somme réservée, leur procuraient un capital à leur sortie du service; enfin si en rentrant dans leurs foyers, ceux qui auraient eu une bonne conduite, étaient employés, de préférence, dans les douanes, ou comme gardes forestiers, comme gardes champêtres, et comme piqueurs ou cantonniers sur les routes...

La carrière militaire, honorable pour tous ceux qui en font partie, deviendrait alors un état pour les soldats et les sous-officiers qui n'auraient pas eu assez d'intelligence pour obtenir le grade d'officier : et, par de tels moyens, on pourrait peut-être parvenir à supprimer la conscription, et à la remplacer par des enrôlemens volontaires, ou par des réengagemens qui seraient encouragés par des primes...

11° L'administration.

D'après le système de la souveraineté du peuple et de la quasi-légitimité.

L'administration et le mode d'élection doivent être combinés de manière que le gouvernement protège uniquement les intérêts matériels du *parti* qui s'est saisi du pouvoir.

En conséquence, l'administration lui procurera toutes les places et les honneurs, et le fera jouir de tous les droits et libertés, et notamment de la liberté illimitée de la presse ; tandis que, par un serment (contraire au *principe* de la souveraineté du peuple, qui est la base de la charte de 1830) l'administration cherchera à exclure des collèges électoraux, des assemblées communales et des gardes nationales, et par suite de toutes les places, les hommes qui ne partagent pas ses opinions politiques ; et même pourra les priver de la liberté individuelle, de la liberté des cultes, de la liberté d'enseignement et de la liberté de la presse, pour les contraindre à se soumettre *à l'autorité de la force despotique et tyrannique qui se sera emparée du pouvoir.*

Il est rationnel que ce parti ne puisse conserver le pouvoir que par la centralisation, et par des mesures exceptionnelles. Mais le gouvernement sorti d'une émeute, pourrait être renversé par une autre émeute !.. Or, un gouvernement qui n'a de force que par l'arbitraire et la tyrannie, peut-il être durable ?

Quant à la *morale humaine*, qui (suivant le système de la quasi-légitimité) doit être une des bases des ordonnances, des règlemens et des mesures destinés à maintenir ce système ; cette *morale* étant susceptible de variations continuelles (parce-qu'elle n'est pas basée sur des principes religieux) l'administration la modifiera, en se conformant successivement à toutes les variations, et par conséquent aux erreurs de l'opinion publique... *Ce qui est reconnu immoral depuis plusieurs siècles, l'administration pourra le déclarer moral !* Elle voudra donc modifier sans cesse la législation et les institutions...

Quant aux intérêts matériels, la quasi-légitimité ne pourrait connaître les besoins réels de la société, qu'autant qu'elle aurait aggloméré tous les intérêts pareils ou analogues, et leur aurait donné des organes. Mais *les partisans de la souveraineté du peuple*, sans lesquels la quasi-légitimité n'aurait pu obtenir le pouvoir, *ne veulent souffrir aucune réunion d'intérêts analogues :* et l'*individualisme* est (pour les révolutionnaires) la *souveraineté du peuple personnifiée*... Le gouvernement quasi-légitime ne pourra donc pas suffisamment satisfaire les besoins réels, ni réprimer les désordres...

D'après le système de la légitimité.

Le roi est la cause et le chef du gouvernement. Sa prudence ou sagesse le détermine, non-seulement à consulter ses ministres, son conseil privé et son conseil d'État, mais en outre à établir entre lui et les diverses classes de la société, des intermédiaires (ou *médiateurs*) qui lui sont nécessaires pour connaître et satisfaire les besoins légitimes de ses peuples, et provoquer ensuite les délibérations et les décisions des deux chambres, sur les propositions de loi que les ministres leur présentent en son nom.

Le rétablissement des provinces et la décentralisation sont un des besoins les plus réels et les plus légitimes de la France.

Plus l'instruction est répandue, plus il est nécessaire d'occuper et d'utiliser toutes les capacités dans chaque province.

Cette richesse de capacités offre la possibilité de *créer une foule de places gratuites* et de *rétribuer avec modération celles qui devront être payées.*

Le roi légitime rétablirait donc les provinces, et leur rendrait autant que possible leurs anciennes délimitations, en ayant égard aux vœux qui lui seraient exprimés; soit pour la circonscription nouvelle de la province, se divisant en plusieurs départemens, et chaque département en plusieurs arrondissemens; soit pour le mode de nomination aux assemblées d'arrondissement, de département et de la province; soit pour les attributions de chacune de ces assemblées et pour l'administration des arrondissemens, des départemens et de la province (1).

---

(1) Ainsi, la loi du budget ayant fixé la part contributive de la province dans les dépenses de l'État, les conseils provinciaux répartiraient entre chaque département (ainsi que les assemblées provinciales l'ont fait dès 1787) la part contributive du département, dans les impôts de la province ; et ces conseils provinciaux délibéreraient sur tous les objets gé-

Le devoir de l'administration est de cimenter et de maintenir l'union entre tous les Français, et de les faire concourir à la prospérité générale; mais « l'union n'est possible qu'entre les hommes « qui ont les mêmes principes et les mêmes doc-

---

néraux qui intéressent la province; et notamment sur le mode d'entretien des routes royales, sur les dessèchemens à faire, sur la création de canaux et de routes qui intéressent la province, sur l'établissement, l'entretien ou la location des casernes de gendarmerie et des prisons provinciales; enfin sur le mode, l'assiette et la perception des impôts; car il suffit à l'État de pouvoir satisfaire à toutes les charges publiques; et il peut adopter, pour chaque province, les modes d'impôt et de perception qu'elle préfère.

Les conseils de département répartiraient entre les arrondissemens du département, la part contributive de chacun d'eux dans les impôts mis à la charge du département... Ils rempliraient toutes les fonctions attribuées aux conseils généraux de département, sauf celles d'utilité générale de la province, qui concerneraient les conseils provinciaux : mais ils adresseraient à ceux-ci leurs vœux sur tous les objets d'utilité publique concernant la province ou l'État.

Les conseils d'arrondissement, conservant leurs fonctions actuelles, répartiraient entre les communes de l'arrondissement leur part contributive dans les impôts mis à la charge du département, et les conseils municipaux continueraient à répartir entre tous les contribuables de la commune, sa part contributive dans les impôts de l'arrondissement.

« trines. Cette conformité de principes et de doc-
« trines n'existera qu'autant que la morale aura
« été fixée par la religion, qu'autant que la mo-
« rale, la justice et l'honneur seront les règles
« invariables du gouvernement; qu'autant que

Les sous-préfets auraient voix consultative dans les conseils d'arrondissement; les préfets, dans les conseils de département; et l'intendant ou gouverneur de la province, dans les conseils provinciaux.

Enfin, s'il fallait avoir été membre d'un conseil municipal pour être membre d'un conseil d'arrondissement; s'il fallait avoir été membre d'un conseil d'arrondissement pour être membre d'un conseil de département; s'il fallait avoir été membre d'un conseil de département pour être membre d'un conseil provincial: si ces conseils se renouvelaient par quart ou par cinquième chaque année; si nul membre de ces conseils ne pouvait être réélu qu'après une année d'intervalle; enfin, si le mode d'élection pour les conseils municipaux, pour les maires, et pour divers conseils d'arrondissement, de département et de province, était combiné 1° dans le sens de l'édit de 1765, pour l'organisation des conseils municipaux, et 2° des règlemens de 1787, pour l'organisation des assemblées provinciales, toutes les notabilités seraient appelées successivement dans ces conseils, et les individus qui ont des intérêts pareils ou analognes, se trouvant alors agglomérés, et concourant séparément aux nominations, les intrigues et les influences seraient impuissantes pour écarter les hommes les plus recommandables et les plus dignes de participer aux travaux de ces conseils.

« l'ordre se fera remarquer dans l'administration,
« dans la magistrature, dans l'armée, dans les
« finances et dans tous les rangs de la société; en
« un mot, qu'autant que le gouvernement pro-
« tègera à la fois les intérêts religieux, les intérêts
« moraux et les intérêts matériels et politiques de
« la société. »

Ainsi, pour établir l'ordre d'une manière durable, et pour satisfaire les besoins véritables, le roi légitime agglomérera les intérêts pareils ou analogues et instituera entre lui et toutes les classes de la société, qui ont des intérêts différens, des intermédiaires (ou *médiateurs*) qui seront les organes de ces classes auprès de l'autorité, et les auxiliaires de l'autorité auprès de ces mêmes classes.

Alors, sur la demande d'un ou de plusieurs évêques, des synodes provinciaux pourront être convoqués par les archevêques, pour délibérer sur les intérêts de l'église et du clergé.

La noblesse, les ordres militaires et civils, et la magistrature (réalisant la pensée morale et le projet que Sully avait fait agréer par Henri IV) pourraient être autorisés, dans chaque arrondissement, département et province, à se choisir des chefs ou syndics pour exercer sur elle-même une surveillance paternelle, maintenir, par l'exemple et les bons conseils, les principes de morale religieuse et d'honneur qui si long-temps ont distingué la noblesse, les militaires et la magistrature française, et pour secourir les familles malheureuses.

Une chambre d'agriculture nommée et renouvelée par les notables agriculteurs; une chambre de manufacture, nommée et renouvelée par de notables manufacturiers; et une chambre de commerce, nommée et renouvelée par de notables négocians, deviendraient, dans chaque département ou colonie, les organes véritables des agriculteurs, des manufacturiers et des négocians (1).

Enfin l'institution des conseils de prud'hommes serait perfectionnée; et il existerait dans chaque arrondissement un conseil de prud'hommes qui concilierait, et au besoin jugerait les contestations entre les maîtres et les ouvriers, et qui exercerait sur leurs justiciables une surveillance paternelle

---

(1) Les sociétés d'agriculture, les chambres consultatives et les chambres de commerce *actuelles* (qui n'existent d'ailleurs que dans un certain nombre de départemens) ne peuvent être considérées comme de véritables *médiateurs*. Les premières se sont formées par la réunion des hommes qui les composent : les secondes et les troisièmes nommées, lors de leur organisation, par des assemblées de notables manufacturiers et négocians, se renouvellent elles-mêmes depuis cette époque... Ces diverses chambres ne sont donc que les *organes* de l'opinion qui est parvenue à y dominer.

semblable à celle qui serait exercée par les syndics de la noblesse, des ordres militaires et civils, et de la magistrature (1).

Les capitalistes ou rentiers, pourraient aussi être autorisés, dans chaque département, à se choisir des chefs ou syndics.

Enfin les administrations de charité pourraient être organisées de manière à procurer à tous les indigens, des secours en travail, en alimens et en vêtemens, et, aux enfans des indigens, une éducation chrétienne, qui seule peut leur inculquer leurs devoirs envers Dieu et même envers les hommes.

Ainsi toutes les classes de la société auraient des organes auprès de l'autorité royale!

Ces *médiateurs*, entre toutes les classes de la société et l'administration, seraient d'autant plus utiles que les pairs de France et les députés des départemens *ne connaissent pas*, généralement, les besoins *particuliers* de toutes les classes de la société, et notamment des classes industrieuses de la France et de ses colonies.

---

(1) Des intermédiaires (ou *médiateurs*) ont été accordés à plusieurs professions. Les chambres de notaires, d'avocats et d'avoués, les syndics des agens de change et des courtiers de commerce, sont des *médiateurs* élus par les corps ou compagnies dont ils font partie. Ils en sont les *organes*.

En effet, l'agriculture, les arts et manufactures et le commerce, ont souvent des intérêts différens; et ces trois grandes industries se divisent en diverses classes de producteurs qui peuvent avoir aussi des intérêts opposés.

Le gouvernement et les chambres ne pourraient pondérer les intérêts particuliers qui se subdivisent à l'infini; ils ne pourraient discerner la vérité et l'erreur, au milieu de demandes et de réclamations contradictoires, si le gouvernement n'avait pas pris le soin d'agglomérer les intérêts pareils ou analogues, et de leur accorder des *médiateurs* qui devinssent leurs organes.

Loin d'entraver l'administration, ces intermédiaires ne peuvent que l'éclairer et la seconder; car étant choisis parmi les hommes les plus probes et les plus instruits, et se voyant en quelque sorte associés à toutes les améliorations, ils s'empresseraient de fournir au ministère tous les documens qui lui sont nécessaires pour apprécier les besoins réels et la vérité (au milieu des demandes contradictoires), pour protéger le faible contre le puissant, et affranchir le gouvernement des obsessions des hommes influens; en un mot, pour être juste à l'égard de tous. Enfin « ces *médiateurs* « étant à la fois les organes des diverses classes de « la société, et les auxiliaires du gouvernement au-

« près de ces mêmes classes, » obtiendraient, en raison de ces doubles fonctions, une grande influence; et ils l'emploieraient utilement à seconder l'action du gouvernement légitime (1). Alors, le garde-des-sceaux et les ministres de l'intérieur, des affaires ecclésiastiques et de l'instruction publique, protégeraient particulièrement les intérêts religieux et les intérêts moraux ; et le ministre de l'agriculture, des manufactures et du commerce, et les ministres de la marine et des affaires étrangères surveilleraient et protégeraient spécialement, les intérêts matériels et politiques de la France et de

---

(1) Le gouvernement ayant été privé, jusqu'à présent, des documens positifs et irrécusables (qui pourraient être fournis par de véritables *médiateurs*, et entraîneraient la conviction des ministres et deux chambres) n'a-t-il pas été réduit souvent à une espèce d'inertie? Il hésitait sur les décisions qu'il devait prendre et sur les projets de loi qu'il devait présenter ; ou s'il en présentait qui intéressassent plusieurs branches d'industries, les chambres hésitaient à leur tour au milieu des argumens contraires qui étaient émis de tous les côtés; et qui, la plupart, contredisaient les assertions du ministère, sans qu'il put les justifier d'une manière péremptoire.

Aussi, la législation est restée imparfaite et vicieuse ; les institutions n'ont point été améliorées; les besoins réels ne sont pas satisfaits, les abus et les désordres ne sont pas suffisamment réprimés ! !

ses colonies : et au nombre de ces intérêts serait la révision de toutes les natures d'impôt et du mode de leur perception ; ce qui serait très facile au gouvernement légitime, en rétablissant les assemblées provinciales ; car chaque province, en appréciant l'indispensable nécessité de payer des contributions qui puissent acquitter les charges de l'État, peut désirer des améliorations ou des changemens dans le mode ou l'assiette ou la perception des impôts ; et le gouvernement légitime n'a aucun intérêt à s'opposer à ces changemens, dès que les provinces lui donnent les moyens de subvenir à tous les services que réclament l'honneur et la dignité de la France.

Sous d'autres rapports, l'*institution des médiateurs* (entre le roi et toutes les classes de ses sujets) et *des conseils provinciaux* auraient l'immense avantage de faire connaître au roi légitime, et à ses ministres, *les notabilités véritables* de la France, *dans tous les rangs de la société* : et, alors, de quel prix ne seraient pas les places et les faveurs, lorsqu'elles seraient accordées par le roi, aux Français qui par leurs connaissances et leurs services honorent davantage la société à laquelle ils appartiennent, et la France qui les compte au nombre de ses enfans !

Résumons le système de la légitimité.

Principe.

Légitimité, *légalité* et *justice* sont presque synonymes.

Ce qui est légitime est légal et juste ;

Ce qui est légal est selon la loi ;

Et la loi doit être juste.

Il est juste et légal que les enfans soient déclarés légitimes, lorsqu'ils sont issus d'un mariage contracté suivant les lois divines et humaines.

Il est juste et légal qu'un père transmette à son fils légitime, ses titres, ses droits et ses propriétés ; et de même il est juste et légal qu'un roi héréditaire transmette à son héritier légitime sa couronne, ses titres, ses droits et ses propriétés.

L'autorité royale est l'imitation et la conséquence de l'autorité paternelle. La première est à l'égard des sociétés ce que la seconde est à l'égard des familles.

Le roi, comme un père de famille, pondère les intérêts divers de ses sujets. Il est leur juge ; et s'il délègue à des sujets une partie de son autorité, soit pour l'aider dans les conseils, soit pour exécuter ses ordres ; son autorité et son pouvoir sont antérieurs et supérieurs aux pouvoirs qu'il a conférés, quoique ses sujets coalisés contre lui, puissent, *par la force*, se soustraire à son autorité.

En remontant à l'origine de toutes les monarchies, les unes ont été fondées par la soumission volontaire, ou par des conventions, ou par l'élection, tandis que les autres furent le résultat de la conquête, de l'asservissement et de l'usurpation.

Dans les monarchies tempérées, en France, par exemple, le pouvoir souverain participa de la conquête, des soumissions, des conventions et de l'élection.

De même que *la propriété devient légitime* par l'acquisition; et *à défaut de titres par la prescription*, de même *la souveraineté devient légitime* par des traités et des conventions et *par la prescription*.

L'autorité souveraine n'est devenue légitime par la prescription, qu'après une jouissance non interrompue et non contestée pendant plusieurs générations: et certes elle peut se dire légitime la dynastie qui, *pendant neuf siècles*, a régné sur la France.

Les lois fondamentales de la France, étaient:

1° La loi salique;

2° Les prérogatives de la couronne;

3° Les privilèges des provinces.

La loi salique a affranchi la France des révolutions continuelles qui ont ensanglanté les pays qui ne l'ont point adoptée ; aussi *le principe de la légitimité a-t-il été considéré comme le* PALLADIUM *de la France.*

Les prérogatives de la couronne étaient un obstacle aux usurpations des provinces sur l'autorité du roi ;

Et les privilèges des provinces, un obstacle à la volonté arbitraire des rois ou de leurs délégués.

Les institutions d'une monarchie doivent participer des causes qui l'ont formée ; mais le roi légitime est le pouvoir supérieur, qui oblige les autres pouvoirs à se renfermer dans leurs attributions ; et, en conséquence, il a le droit de modifier les institutions, soit avec le concours des autres pouvoirs législatifs, soit *même sans leur concours, lorsque ces modifications, ou changemens, sont indispensables pour assurer la conservation de la monarchie et la prospérité du royaume;* et l'on n'a point à craindre que le roi légitime n'abuse de son pouvoir : car *il n'est fort que par la justice, il a donc intérêt à être juste* ; et son autorité antérieure et supérieure peut seule être essentiellement paternelle, et conservatrice de tous les droits et de la liberté publique.

Conséquences.

La justice, la légalité et la légitimité ne doivent pas s'appliquer seulement au droit de succession au trône. Elles doivent être aussi la base des institutions et de la législation.

Les souverains et les gouvernemens doivent donc être justes à l'égard des choses et à l'égard des hommes : et les peuples doivent respecter la justice et observer les lois.

Ainsi, le devoir de tous les gouvernemens est de protéger et favoriser les intérêts religieux, les intérêts moraux et les intérêts matériels de la société; et de subordonner les intérêts des particuliers à l'intérêt général de l'Etat.

Les insurrections et les révolutions ne sont arrivées que lorsque les gouvernemens et les peuples ont méconnu leurs devoirs : mais ces devoirs dérivant naturellement du principe de la légitimité, il semble qu'un système de gouvernement qui serait la conséquence de ce principe, garantirait le bonheur et la prospérité de la France.

Système de gouvernement.

1° Le gouvernement doit être *prudent*, *juste* et *fort*;

2 *Se faire aimer, respecter et craindre;*

3° *Établir entre l'autorité et toutes les classes de la société*, qui ont des intérêts différens, *des* intermédiaires (ou *médiateurs*) qui soient les organes de ces diverses classes auprès de l'autorité, et les auxiliaires de l'autorité auprès de ces mêmes classes;

Et 4° suivre avec constance un système religieux, moral et politique qui soit la conséquence de principes immuables...

« Les changemens de mœurs peuvent nécessi-
« ter des modifications dans la manière d'admi-
« nistrer; mais les principes du gouvernement
« doivent être invariables, et lorsque les mœurs
« dégénèrent, il y a urgence de ranimer les senti-
« mens religieux dans toutes les classes de la so-
« ciété, et de rattacher plus étroitement la mo-
« rale politique à la morale religieuse, en créant
« et en favorisant des institutions religieuses et
« morales. »

Enfin, les intérêts religieux, moraux et matériels étant protégés, la religion épure la morale; la morale établit l'ordre et fait régner la justice, pour l'avantage de tous; et la morale concourt avec la religion et l'honneur, à garantir la prospérité des intérêts matériels et politiques.

Résultats du système de la légitimité.

Le roi, la France et ses colonies recueilleraient tous les avantages qu'ils peuvent désirer.

Les intérêts religieux, les intérêts moraux et les intérêts matériels seraient suffisamment encouragés et favorisés ; en conséquence, toutes les religions seraient véritablement protégées, mais la religion de l'État (qui est celle de l'immense majorité des Français) serait florissante. Elle se distinguerait par l'unité de ses doctrines et de son enseignement ; et le clergé se ferait remarquer par son attachement à la légitimité et aux lois du royaume.

Les lois civiles seraient mises en harmonie avec les lois religieuses.

L'éducation ferait aimer la religion, la morale et l'honneur.

Des pensionnats dirigés par des ecclésiastiques, par des congrégations enseignantes, par des laïcs catholiques, par des protestans et par des juifs, rivaliseraient de zèle et de talent avec les collèges de l'université, pour *rendre les Français fidèles à Dieu, à leur roi et à leur pays*, et en faire des hommes honorables et instruits que le roi pût utiliser.

Toutes les institutions (et notamment celle de la chambre des pairs et de la chambre des députés) recevraient toutes les améliorations dont elles sont susceptibles.

La morale et l'honneur régneraient dans les deux chambres, dans le ministère, dans l'administration, dans la magistrature, dans l'armée, dans la noblesse et dans toutes les classes de la société.

Les Français jouiraient d'une très grande liberté ; mais la liberté réglée par les principes de la morale religieuse, ne pourrait pas dégénérer en licence.

Des intermédiaires (médiateurs) établis entre l'autorité royale et les diverses classes d'individus qui ont des intérêts différens, feraient connaître leurs besoins, leurs doléances, leurs plaintes et leurs vœux ; et, en même temps, ils seconderaient puissamment l'action du gouvernement.

Le rétablissement des provinces et la décentralisation satisferaient le besoin général et légitime qui se manifeste dans toute la France.

La nature des impôts et le mode de leur perception, recevraient les modifications utiles qui seraient réclamées par les provinces.

L'agriculture, les arts, les manufactures et le commerce de la France et de ses colonies obtiendraient les encouragemens, les débouchés et les succès qu'ils doivent ambitionner.

Enfin, le roi légitime favorisant les entreprises utiles à l'État, et honorant les hommes les plus probes et les plus capables dans toutes les classes de la société, les plus grands talens se montrent alors dans les deux chambres, au conseil des ministres, au conseil privé, au conseil d'État et dans toutes les grandes places administratives, magistrales et militaires : et le dévouement et le mérite devenant les meilleurs titres pour parvenir, une noble rivalité de bien dire et de bien faire, entraîne tous les esprits, et ils ne peuvent s'égarer; car la *prudence*, la *justice* et la *force* sont leur guide ; et avec cette triple égide, le ministre profite de toutes les lumières et n'a à craindre aucune rivalité.

Alors, quel accord et quelle harmonie entre le roi, ses ministres, les deux chambres et toutes les classes de la société ! et de même quel accord et quelle harmonie entre la France et toutes les puissances de l'Europe !

N'est-il pas permis de croire que si la légitimité redevenait le principe du gouvernement, la justice et le droit régneraient en France, toutes les puissances désarmeraient ; la paix de l'Europe serait assurée, la confiance et le crédit renaîtraient, et se consolideraient; les débouchés, les consommations et les richesses accroîtraient progressivement; la prospérité, la puissance et la gloire de la France seraient véritablement garanties : alors *le roi et la France seraient inséparables !*

LEQUEL DE CES TROIS SYSTÈMES DE GOUVERNEMENT PEUT FAIRE LE BONHEUR DE LA FRANCE.

Les partisans de la souveraineté du peuple ne peuvent imposer leurs doctrines à la France.

Il ne suffit pas que le gouvernement adopte un système, et le suive avec persévérance, *il faut que ce système soit fondé sur un principe de justice, de stabilité et de prospérité*, et qu'ainsi il puisse obtenir l'assentiment des hommes sages et éclairés dans tous les rangs de la société.

Or, si l'on compare les trois systèmes que nous avons développés, et si l'on examine lequel mérite la préférence, parce qu'il peut véritablement faire le bonheur de la France : on reconnaîtra que *les matérialistes et les partisans de la souveraineté du peuple ne peuvent imposer leurs doctrines à la France* : car les doctrinaires et les quasi-légitimistes, les hommes attachés à leur religion et les légitimistes, n'admettront jamais que la législation ne doive pas avoir la morale pour base ; et les hommes qui ont foi en leur religion, ajouteront que la morale et les doctrines qui n'ont pas la religion pour fondement, peuvent et doivent subir des altérations fréquentes; et par conséquent ne peuvent donner de stabilité ni de durée aux institutions et aux lois.

« Mais d'ailleurs c'est se condamner à changer « ou à modifier sans cesse le système de gouver- « nement que de ne protéger que les intérêts ma- « tériels; car rien n'est plus variable que ces in- « térêts! A quels signes reconnaîtra-t-on les inté- « rêts matériels de l'Etat, lorsque tous les intérêts « seront isolés et contestés? et comment le gouver- « nement pourra-t-il apprécier les besoins réels, « s'il n'est entouré que d'individus qui préfèrent « leur intérêt particulier à l'intérêt de l'Etat? »

N'oublions pas que si des restrictions n'étaient pas apportées à la liberté indéfinie de satisfaire ses besoins, ses désirs et son ambition, les querelles et les combats seraient interminables entre les hommes; et *la force matérielle* étant proclamée *la suprême loi* des individus et des peuples, les vaincus perdraient l'usage de la liberté indéfinie (objet de leurs désirs) et seraient bientôt réduits à l'esclavage, ou au moins perdraient leurs droits politiques... Ainsi pas de bonheur pour les vaincus, jusqu'à ce que, par des combats plus heureux, ils soient parvenus à reconquérir cette liberté indéfinie!

Avec un tel système, l'esprit de domination, de

haine et de vengeance remplirait tous les cœurs. De tels sentimens ne peuvent rendre les peuples heureux !!

Et en effet, quand même une nation tout entière aurait adhéré au principe de la souveraineté du peuple, on verrait des partis sans nombre se former immédiatement pour s'emparer du pouvoir et de toutes les places. Des émeutes et des insurrections seraient sans cesse suscitées pour procurer le pouvoir aux partis qui voudraient s'en saisir. *Ces insurrections seraient le droit du peuple et le plus saint des devoirs*, puisque la souveraineté et la liberté du peuple sont imprescriptibles. Ce serait donc violer les droits et la liberté du peuple que de vouloir réprimer les insurrections... Ainsi chaque parti, chaque cité, chaque département ayant un droit égal à se saisir du pouvoir et à opprimer les vaincus, aucune institution ne peut être stable ; le crédit public ne peut se rétablir ; les arts et le commerce, qui ont besoin de paix et de confiance, ne peuvent prospérer ; l'ordre public ne peut exister, la liberté personnelle et les libertés publiques sont méconnues à l'égard des vaincus : ainsi, plus de bonheur pour eux et pour leur famille !!

Enfin, si une force matérielle subjugue les partis, elle cherchera à dominer d'autres peuples ;

elle fera la guerre à tous ceux qu'elle aura l'espoir de vaincre (car la guerre et la dévastation seront son élément) jusqu'à ce que les peuples s'étant coalisés contre cette force usurpatrice, parviennent à la détruire : ou jusqu'à ce que le pouvoir passe entre les mains de l'autorité légitime qui seule peut faire régner la justice, la légalité et la légitimité. Telle fut l'histoire de la révolution depuis 1789 jusqu'en 1814! et telle sera l'histoire de tous les peuples qui proclameront le principe de la souveraineté du peuple, la plénitude et l'imprescriptibilité de ses droits et de sa liberté!

Le système de la souveraineté du peuple est donc usurpateur et destructeur des droits et dés libertés, non-seulement d'une partie des citoyens, mais en outre de toutes les nations...

Qui donc peut être partisan sincère de la souveraineté populaire, considérée comme la suprême loi du peuple? Les hommes et les partis qui se sont emparés du pouvoir, et ceux qui cherchent à s'en saisir!

Mais la force l'a donné à ceux-là, et la force pouvant le leur ôter, ils deviennent ombrageux et oppresseurs, et aucun acte injuste, arbitraire et tyrannique ne leur coûtera pour conserver le pouvoir qui les fait jouir d'une liberté illimitée; c'est-à-dire, de la licence la plus effrénée, puisque la faculté de satisfaire leurs passions n'a point de bornes.

Alors, n'excitent-ils pas l'envie, la jalousie et la vengeance? et peuvent-ils être heureux, les hommes qui craignant sans cesse de perdre le pouvoir despotique (qu'ils idolâtrent) espèrent le conserver par des mesures exceptionnelles, par la déception, la corruption et le despotisme, et traitent en vaincus et presque en ilotes politiques, non-seulement ceux qu'ils ont dépouillés de leurs places, mais encore tous ceux de leurs amis dont les désirs et l'ambition n'ont point été satisfaits.

Le bonheur peut-il exister avec une soif inextinguible de richesse et de despotisme, et avec la crainte continuelle de les perdre; peut-il exister avec l'envie, la jalousie et l'esprit de vengeance et de désordre?

Non... le bonheur est impossible avec des passions haineuses et désorganisatrices!!! En faut-il une preuve irrécusable?... Les partisans de la souveraineté du peuple ont renversé, en juillet 1830, la légitimité qui était le *palladium* de la France. Un très grand nombre d'entre eux occupent depuis quatorze mois la plupart des places dans l'administration, dans la magistrature, dans l'armée et dans les finances. Eux seuls (sauf deux ou trois députés royalistes) ont été élus dans les collèges électoraux (par suite de l'absence des électeurs royalistes). Néanmoins les partisans de la souveraineté du peuple ont-ils pu et pourront-ils jamais s'entendre sur les institutions à donner à la France et sur le système à suivre ? *Non...* parce que des ambitions sans bornes tendent nécessairement à renverser ceux qui possèdent le pouvoir, et que le désir immodéré de le conserver porte nécessairement à des mesures d'exception et à des actes arbitraires et tyranniques.

Le bonheur ne peut donc être le partage de ceux qui veulent, *à tout prix*, s'emparer du pouvoir, ni de ceux qui, *à tout prix*, veulent le conserver.

Fatigués de courir en vain après le bonheur qui tel qu'un fantôme, disparaît lorsqu'ils croient le saisir, les partisans de la souveraineté du peuple apprécieront, enfin, qu'ils ont sacrifié la prospérité et la puissance de la France à des illusions et à un fantôme trompeur, et ils reconnaîtront que le principe de la souveraineté du peuple ne peut jamais faire leur bonheur ni celui de la France...

Les Quasi-légitimistes peuvent-ils imposer leurs doctrines aux partisans de la souveraineté du peuple et aux partisans de la légitimité?

Écoutons les quasi-légitimistes.... S'adressant d'abord aux partisans de la souveraineté du peuple, les quasi-légitimistes leur tiennent à peu près ce langage.

« De quoi vous plaignez-vous? vous vous van-
« tez d'avoir conspiré pendant quinze ans contre
« la légitimité! mais un grand nombre d'entre
« nous conspirait avec vous; les autres s'affilièrent
« à vos sociétés secrètes, ou par leurs vœux se-
« condaient vos efforts!!

« N'avons-nous pas rédigé, le 26 juillet 1830,
« une protestation contre les ordonnances de la
« veille?

« N'avons-nous pas été, avec vous, membres
« de la commission municipale qui, dès le 29
« juillet, a fait connaître son existence à la France,
« en proclamant qu'*elle avait accepté des circon-*
« *stances un mandat grave;* et que *Charles X*
« *avait cessé de régner*?

« Ne fîmes-nous pas partie de la réunion du

« 31 juillet, dans laquelle 89 *députés* firent une « proclamation, 1° pour expliquer à la France les « motifs qui les avaient déterminés à décerner la « lieutenance-générale du royaume au *Duc d'Orléans*; et 2° pour *consacrer le principe de la souveraineté de la chambre des députés*, par les « conditions qu'elle imposait au lieutenant-général du royaume?

« N'avons-nous pas fait partie des 219 députés « qui substituèrent à la charte octroyée de 1814 « une nouvelle charte fondée sur le principe de « la souveraineté du peuple, et qui décernèrent « la couronne au *Duc d'Orléans*?

« N'avons-nous pas fait partie également des « 89 pairs qui adhérèrent à ces actes de la chambre des députés?

« N'avons-nous pas destitué successivement « presque tous ceux qui occupaient des places ou « des emplois sous *Charles X*? et n'êtes-vous pas « en possession de la plupart de ces places, depuis « celle de garde-champêtre jusqu'à celles de ministres? N'avons-nous pas partagé vos vœux et « secondé vos efforts pour révolutionner la Belgique, la Pologne, l'Italie, l'Allemagne, l'Espagne et le Portugal, jusqu'au moment où les « puissances étrangères ont reconnu le nouveau « gouvernement de la France? Mais, quand nous

« nous avons obtenu cette reconnaissance, si nous « avions tenu la même conduite, l'Europe entière « se serait coalisée contre la France : devions-nous « exposer la France à soutenir la guerre contre « toute l'Europe, lorsque l'armée française était « désorganisée, et lorsque notre révolution ne « pouvait compter sur l'appui ni des Français at- « tachés au principe de la légitimité, ni de tous « ceux que nous avions privés de leurs places?

« Quel avait été d'ailleurs le vœu général? de « faire en France une révolution pareille à celle « qui eut lieu en Angleterre en 1688. Or la révo- « lution est terminée, puisque le *Duc d'Orléans* « est sur le trône! il faut donc consolider son « gouvernement : et on ne peut l'affermir, 1° qu'en « considérant les évènemens de juillet comme « une révolution terminée par le changement de « dynastie ;

« Et 2° qu'en conservant, avec quelques modi- « fications, les institutions de la légitimité; car « les souverains étrangers n'ayant alors rien à « craindre de la France consentiraient à désarmer, « et la paix de l'Europe ne serait pas troublée...

« Mais, en suivant cette ligne de conduite, « avons-nous cessé de partager vos sentimens? « Une cérémonie religieuse dans St.-Germain- « l'Auxerrois ayant été regardée par vous comme

« un outrage aux manes des héros de juillet ; St.-
« Germain-l'Auxerrois fut dévasté, profané et
« pillé ; l'archevêché fut également pillé et en
« partie démoli !! nous avons laissé passer la jus-
« tice du peuple !!

« Vous avez demandé que l'on abattît les croix:
« les croix ont été abattues !

« Vous avez demandé que l'on sévît contre les
« légitimistes : une dépêche télégraphique a or-
« donné de faire dans toute la France des visites
« domiciliaires et des perquisitions chez les légi-
« timistes, et beaucoup d'entre eux ont été arrêtés !

« Vous avez demandé des mesures sévères con-
« tre les départemens de l'Ouest et contre les ré-
« fractaires : nous avons mis hors la loi les dé-
« partemens de l'Ouest, et nous avons permis
« que le général qui y commande fît tirer, sans
« sommation préalable, sur les hommes que l'on
« suppose réfractaires !

« N'avez-vous pas *impunément*, dans le Midi,
« répandu le sang des légitimistes, et notam-
« ment à Tarascon et à Nismes ? N'avez-vous pas,
« *impunément*, envahi un collège électoral et brisé
« le scrutin, pour empêcher l'élection des légiti-
« mistes ?

« N'est-ce pas sur vos demandes que nous avons
« suspendu l'organisation de la garde nationale

« et des conseils municipaux, lorsque l'opinion de « la majorité eut fait nommer des légitimistes « officiers de la garde nationale ou conseillers « municipaux?

« Enfin, n'avez-vous pas *impunément* outragé « des magistrats dans leurs fonctions, et brisé des « presses de journaux royalistes?

« Que voulez-vous donc? des places? vous en « avez presque tous, ou êtes certains d'en obtenir « quand il y aura des vacances! des ministères? « plusieurs ministères vous ont été donnés!

« Vous nous reprochez nos anciennes liaisons « et nos anciennes doctrines? mais nous les avons « abandonnées et reniées!

« Quel peut être donc le véritable motif de vos « plaintes? Votre ambition serait-elle insatiable? « vous faut-il une nouvelle révolution pour dé- « truire ce qui existe et vous emparer *exclusive-* « *ment* du pouvoir, de tous les droits et de toutes « les libertés?

« Si tel est votre but, nous serons vos ennemis. « Nous possédons le pouvoir : nous saurons le dé- « fendre, et malheur à quiconque voudra le saisir!!

Les quasi-légitimistes tiennent un autre langage aux légitimistes.

« Il faut (disent-ils) suivre l'esprit de son

« siècle. Nous avons cru, pendant long-temps,
« que la légitimité était un principe conservateur :
« nous l'aurions préféré, sans aucun doute, à un
« changement de dynastie ; mais *Charles X* ne
« comprenait pas son siècle. Il restait station-
« naire, tandis que les besoins et les desirs des
« hommes sont progressifs. Une exaspération ex-
« cessive avait causé la révolution de juillet. Les
« partisans de la souveraineté du peuple étaient
« devenus les maîtres du pouvoir. Ils pouvaient
« établir une république, et le chef du gouver-
« nement provisoire allait être le président de la
« république. Dès-lors les armées étrangères eus-
« sent envahi la France, et, peut-être, l'eussent
« partagée. Dans des circonstances aussi graves,
« ce fut une nécessité de sacrifier la légitimité,
« pour sauver la France. Nous avons donc fait ce
« sacrifice sur l'autel de la patrie ; et en voyant
« l'Angleterre florissante après une révolution
« semblable à la nôtre, nous avons pensé que la
« France pourrait être heureuse et puissante avec
« une dynastie *quasi-légitime*.

« Nous avons dû, d'abord, satisfaire l'ambition
« et les vengeances des partisans de la souverai-
« neté du peuple ; mais nous nous sommes emparés
« du pouvoir, et par suite des ministères, et nous
« avons la majorité dans la chambre des députés !

« Nous concevons vos regrets, puisque nous « les avons partagés. Vous voulez une monar- « chie ! Telle est aussi notre volonté! nous pen- « sons, comme vous, qu'une monarchie ne peut « exister qu'avec des institutions monarchiques. « Nous voulons l'ordre, et sommes aussi fatigués « que vous des émeutes et des insurrections ! Réu- « nissez-vous donc à nous ; prêtez-nous votre ap- « pui ; ralliez-vous franchement au gouvernement « actuel : nos bras vous sont ouverts, et vous aurez « contribué, avec nous, au bonheur de la France!!. »

A ce double langage, voyons ce que répondent les partisans de la souveraineté du peuple et les légitimistes...

« Vous nous demandez de quoi nous nous plai- « gnons (disent les révolutionnaires)? nous nous « plaignons de ce que vous ne vous êtes affiliés à « nos sociétés secrètes que pour connaître nos pro- « jets, les neutraliser et vous emparer du pouvoir. « Et, en effet, que vouliez-vous? Forcer *Charles X* « de vous prendre pour ministres, et de résigner « le pouvoir royal en vos mains (1). Vous espériez

---

(1) « Je crois les majorités plus turbulentes que factieuses ; « ce n'est pas la royauté qui les gêne, c'est le ministère qu'elles « convoitent; et *les* 221 *qui ont poussé les Bourbons vers l'abîme,*

« l'obtenir, lorsque quinze d'entre vous avez ré-
« digé, contre les ordonnances de juillet, une pro-
« testation qui ne fut signée par personne (quoi-
« qu'elle parut dans le *National* avec soixante-
« deux noms de députés.)

« Mais, n'avions-nous pas seuls combattu? ne
« fûmes-nous pas vainqueurs et maîtres de Paris,
« et par suite de toute la France? Nous allions ré-
« tablir la république, objet de tous nos vœux et
« le but de toutes nos conspirations contre la dy-
« nastie qui se dit légitime! Qu'avez-vous fait
« alors? Vous avez fait valoir l'opposition des buo-
« napartistes, des orléanistes et même des légiti-
« mistes; et *vous nous avez promis la meilleure*
« *des républiques* si le *duc d'Orléans* devenait le
« roi des Français. A cette condition nous consen-
« tîmes qu'il fût roi; mais le pouvoir, les minis-
« tères devaient nous appartenir : vous vous en
« êtes emparé!

« Vous deviez reconstituer la chambre des
« pairs et nous y appeler. La chambre des pairs
« n'a point été reconstituée!

« Vous avez conservé l'inamoviblité de la ma-

« *ne voulaient que déplacer des portefeuilles, lorsqu'ils ont brisé*
« *des couronnes.* » (Discours de M. Pagès à la chambre des
députés, le 18 octobre 1831).

« gistrature, et par conséquent vous nous avez « privés des places que nous aurions dû avoir dans « les cours et les tribunaux !

« Vous avez placé un grand nombre des nôtres; « mais les meilleures places n'ont-elles pas été ré- « servées pour les quasi-légitimistes !

« Votre influence dans les collèges électoraux, « dans la garde nationale et dans les assemblées « communales ne s'est-elle pas exercée *exclusi-* « *vement* en faveur des quasi-légitimistes !

« Des ministres avaient été choisis parmi nous; « mais n'êtes-vous pas parvenus à exclure les uns « ou à les neutraliser? Et les autres n'ont-ils pas « renié leurs antécédens pour se faire quasi-légi- « timistes !

« Vous vous vantez d'avoir partagé et secondé « nos vœux et nos efforts pour révolutionner la « Belgique, la Pologne, l'Italie, l'Allemagne, « l'Espagne et le Portugal; votre but était de « forcer les souverains étrangers à reconnaître « notre nouveau gouvernement ! Mais dès le mo- « ment que vous avez obtenu cette reconnais- « sance, vous avez abandonné et sacrifié les peu- « ples que vous aviez excités à la révolte ! et vous « vous êtes contentés d'adresser aux cabinets étran- « gers des notes diplomatiques aussi faibles qu'im- « puissantes !

« La France, en protégeant toutes les révolu-
« tions, s'exposait sans doute à la guerre; mais
« elle connaît le chemin de toutes les capitales de
« l'Europe! Elle eût affranchi tous les peuples,
« et tous les peuples se seraient affiliés à la répu-
« blique française!

« Nous ne nions pas qu'un parti désirait une ré-
« volution semblable à celle qui eut lieu en An-
« gleterre en 1688; mais ce parti n'était point
« vainqueur, il ne pouvait rien prescrire, rien
« commander; et *nous n'aurions pas consenti que*
« *Louis-Philippe devînt roi des Français si vous*
« *ne nous aviez pas formellement promis des ins-*
« *titutions républicaines!*

« Il nous importait peu que Louis-Philippe eût
« le titre de roi ou de président, pourvu qu'il ne
« fût, *de fait*, que le président de la république!..

« Mais vous avez violé votre promesse, car,
« sous le prétexte de consolider le gouvernement,
« vous prétendez *que les évènemens de juillet ne*
« *sont pas une révolution! ou que cette révolution*
« *est terminée par un changement de dynastie!*
« et que, sauf quelques modifications, le gouver-
« nement actuel doit avoir les institutions de la
« légitimité!!

« Jamais, jamais nous n'admettrons une pareille
« assertion!! Et que nous importe, à nous, la

« dynastie qui est sur le trône, pourvu que la « souveraineté du peuple soit le principe du gou- « vernement ! Vous avez reconnu que ce principe « justifie le renversement de la branche aînée « des Bourbons ! et vous osez dire que le peuple « aliène sa souveraineté lorsqu'il élit un roi héré- « ditaire !

« Que deviendraient alors les droits et la liberté « imprescriptibles du peuple ? Si nous avons dû « réclamer et faire triompher nos droits impres- « criptibles en renversant une dynastie qui ré- « gnait depuis neuf siècles sur la France, com- « ment n'aurions-nous pas le droit de renverser « une dynastie qui n'existe que par notre consen- « tement ?

« Une émeute, une insurrection a été *légale* « pour ôter la couronne à Charles X et à sa pos- « térité ! *Des récompenses nationales, des hon-* « *neurs* ont été accordés aux hommes qui les ont « détrônés ! des élèves des écoles, des prolétaires, « ont participé à ces récompenses ! et une émeute « contre Louis-Philippe serait criminelle ! et une « émeute ne pourrait le détrôner !!

« Quel est le droit des quasi-légitimistes pour « prétendre que le peuple aliène sa liberté en éli- « sant un roi héréditaire ?

« Ce droit (direz-vous) résulte des doctrines de

« la quasi-légitimité... ; mais ces doctrines sont-« elles les conséquences d'un principe? *Non*... « Résultat de l'amalgame de deux principes anti-« pathiques, elles sont antipathiques à ces deux « principes ! Et l'on voudrait nous les imposer!!

« Plutôt que de nous y soumettre, nous admet-« trions celles de la légitimité! Celles-ci, au moins, « résultent d'un principe ; ce principe n'est pas le « nôtre, mais il s'appuie sur la justice et sur une « morale immuable, parce qu'elle découle de la « religion ; et s'il nous fallait renoncer aux doc-« trines de la souveraineté du peuple, la légitimité « *seule*, si elle était indulgente, si elle recher-« chait et utilisait toutes les capacités ; si enfin elle « satisfaisait tous les besoins de la société, pourrait « calmer les haines et les ressentimens, réunir « l'autorité et la force, rétablir l'ordre, rendre la « paix à la France et à l'Europe, faire cesser la « crise commerciale qui ruine la France, assurer « le retour de la confiance et du crédit, et la pros-« périté des sciences, des arts et de tous les inté-« rêts industriels... Mais vous, quasi-légitimistes, « vos doctrines sont impuissantes! elles ne peu-« vent ni édifier ni consolider! avec elles, les « émeutes se renouvelleront; la confiance et le « crédit ne seront point rétablis : les peuples révo-« lutionnés seront indignement sacrifiés : la France

« seule devra soutenir la guerre contre l'Europe ;
« des impôts déja énormes accroîtront sans cesse ;
« les fortunes privées et, par suite, la fortune pu-
« blique diminueront d'une manière effrayante,
« et si la France succombait dans cette lutte contre
« les puissances étrangères, elle pourrait être par-
« tagée!!

« Tout notre sang bouillonne à l'idée d'un partage
« de la France! Non il ne s'accomplira pas! plutôt
« un roi légitime; car il saurait l'empêcher! nous
« ne l'oublierons pas!!...»

Entendons maintenant la réponse que les légitimistes font aux quasi-légitimistes.

« Vous avez cru que la légitimité était un prin-
« cipe conservateur, vous l'auriez préféré à un
« changement de dynastie ; mais une exaspéra-
« tion excessive avoit causé la révolution de juil-
« let. Les partisans de la souveraineté du peuple
« étaient devenus les maîtres du pouvoir ; et la
« crainte de voir établir une république et enva-
« hir la France, par les puissances étrangères, vous
« a déterminés, pour sauver la France, à sacri-
« fier la légitimité... Mais *ce sacrifice était-il né-*
« *cessaire ?*

« Et, d'abord, n'étiez-vous pas affiliés aux so-
« ciétés secrètes qui conspiraient depuis quinze

« ans contre la légitimité, et qui ont préparé et « dirigé la révolution de juillet ?

« Ne fites-vous pas partie des 221 députés qui vou- « lurent forcer le roi de prendre ses ministres dans « la majorité de la chambre des députés? Vous espé- « riez ainsi parvenir au pouvoir ! vous conveniez « que dans les 221, se trouvaient des hommes qui « voulaient la république, ou au moins un change- « ment de dynastie : mais s'ils voulaient effectuer « ce projet, 80 députés du centre gauche (disiez- « vous) se réuniraient au côté droit, pour défendre « la légitimité !! Avez-vous tenu cette promesse ?

« Non... et cependant Charles X avait révoqué « ses ordonnances ! et quand il aurait abusé « de l'article 14 de la charte, aviez-vous le droit « de juger un roi inviolable? que dis-je *juger !* « *vous l'avez condamné sans entendre sa défense !* « et en prononçant la déchéance d'un enfant de- « venu le roi légitime, par la double abdication de « son aïeul et de son oncle, vous avez violé la « *loi salique, loi fondamentale de la France de-* « *puis quatorze siècles* !

« Vous dites : *Ces actes se seraient accomplis sans* « *nous; et nous avons dû y adhérer pour sauver* « *la France*...

« *Non*... ils ne se seraient point accomplis sans « vous !...

« En effet, n'avez-vous participé à la délibéra-« tion du 31 juillet 1830, dans laquelle 89 *députés*, « qui n'avaient pas le droit de se réunir (la cham-« bre n'étant convoquée que pour le 3 août), dé-« cernèrent, *au nom de la France*, la lieutenance-« générale du royaume à M. le duc d'Orléans, et « lui prescrivirent des conditions, dont plusieurs « étaient contraires à la charte (1).

« Les 6 et 7 août, lorsque M. Bérard a proposé « de déclarer le trône vacant et de modifier la « charte et de changer le principe du gouverne-

---

(1) « 1° Le rétablissement de la garde nationale, *avec l'intervention des gardes nationaux dans le choix des officiers ;*

« 2° *L'intervention des citoyens dans la formation des admi-« nistrations départementales et municipales ;*

« 3° Le jury pour le délit de la presse ;

« 4° La responsabilité légalement organisée des ministres et « des agens secondaires de l'administration ;

« 5° L'état des militaires légalement assuré ;

« Et 6° la réélection des députés promus à des fonctions « publiques.

« *Nous donnerons* enfin *à nos institutions*, de concert avec le « chef de l'État, *les développemens dont elles sont suscep-« tibles...* »

Et qui tenait ce langage ? 89 *députés qui s'étaient réunis illégalement*, qui n'avaient aucun pouvoir pour disposer de la lieutenance-générale du royaume ; et qui avaient fait serment d'obéissance à la charte qu'ils prétendaient modifier ! !

« ment, vous-êtes-vous réunis aux royalistes, « pour vous opposer à de semblables propositions? « *Non*... cependant le *roi était inviolable* (art. 13 « de la charte de 1814), *et le chef suprême de* « *l'Etat* (art. 14): *la puissance législative s'exer-* « *çait collectivement par le roi, la chambre des* « *pairs et la chambre des députés des départemens* « (art. 15)... La chambre des députés n'avait « donc pas le droit de délibérer sur les proposi- « tions de M. Bérard : et cependant *vous fites par-* « *tie des* 219 *députés qui ont proclamé le principe* « *de la souveraineté du peuple et la déchéance de* « *trois générations de rois, et qui ont changé la* « *charte, annulé* 93 *pairies, et décerné la cou-* « *ronne au duc d'Orléans!*

« *Ces actes se seraient accomplis sans vous!* « mais le nombre de 219 n'excédait, que de 4 voix, « la moitié des députés élus! il ne fallait donc « qu'un petit nombre d'entre vous, pour faire re- « pousser les propositions de M. Bérard!

« N'était-il pas incontestable, que les ordon- « nances de juillet (rendues en vertu de l'art. 14) « ne suffisaient pas pour délier les députés du « serment qu'ils avaient fait à Charles X? que « *si la chambre des députés croyait criminelles ces* « *ordonnances, son devoir était de traduire, à la* « *cour des pairs, les ministres qui les avaient contre-*

« *signées? et que cette cour seule pouvait juger* « *les ministres* (art. 55), *et déclarer si ces ordon-* « *nances étaient un attentat aux droits consacrés* « *par la charte ; ou si l'insurrection était un at-* « *tentat aux droits du roi?*

« Que, dans tous les cas, l'insurrection ayant « été dirigée par plusieurs députés, qui se ven- « taient d'avoir conspiré pendant quinze ans con- « tre Louis XVIII et contre Charles X, ces dé- « putés ne pouvaient (après avoir conspiré contre « le roi) devenir ses accusateurs et ses juges?

« Que, d'ailleurs, *si les deux chambres avaient* « *dû participer à ce jugement, le roi accusé du* « *crime de lèse-liberté, aurait dû être jugé de la* « *même manière que les accusés du crime de lèse-* « *majesté*. Il aurait donc fallu entendre les motifs « et la défense du roi ; et (conformément à la juris- « prudence de la cour des pairs, en matière crimi- « nelle) *le suffrage des 5 huitièmes des voix* (et non « de 219 députés sur 430, et de 89 pairs sur 360) « *eût été indispensable pour prononcer la déchéance* « *de Charles X!*

« Mais, en définitive, *les deux chambres créées* « *par une charte octroyée par le roi légitime, re-* « *connu inviolable par cette charte, pouvaient-* « *elles jamais être fondées à juger le roi?*

« Au surplus, l'abdication de Charles X et de

« son fils, en faveur du duc de Bordeaux, rendait « inutile l'examen de ces questions. Nous le répé« tons, un petit nombre d'entre vous, en se réu« nissant aux députés royalistes, aurait formé la « majorité de la chambre. Alors Henri V eût été « reconnu roi de France; et le duc d'Orléans, éta« bli lieutenant-général jusqu'à la majorité du roi, « conservait l'armée, faisait respecter l'autorité « royale, et vous obteniez *légalement* les ministè« res, et par suite le pouvoir, objet de vos désirs..

« Vous ne pouvez donc pas dire que vous avez « fait le sacrifice de vos doctrines sur l'autel de la « patrie; quand il est évident que vous les avez « sacrifiées sur l'autel de la *peur!*

« *Une nouvelle révolution et des massacres eus« sent été à craindre* (direz-vous), *si vous n'a« viez admis la souveraineté du peuple!*

« Mais puisque *la chambre des députés décla« rait qu'elle ne tenait les pouvoirs constituans « que de l'urgence des circonstances;* quand même « vous auriez été *forcés* de reconnaître le principe « de la souveraineté du peuple, *pourquoi n'avez« vous pas proclamé que la France seule, consul« tée dans des assemblées primaires, pouvait pro« noncer la déchéance du roi et de sa postérité,* « ou au moins *pouvait élire des députés qui au« raient le mandat de juger le roi?*

« *Une telle opinion eût été admise* nécessaire-« ment ; car *elle eût paru conforme au principe de* « *la souveraineté du peuple ;* et, en attendant, le « lieutenant-général, qui eût conservé l'armée, « aurait eu le pouvoir de rétablir et de maintenir « l'ordre public....

« *En voyant l'Angleterre devenue florissante à* « *la suite d'une révolution semblable à celle de* « *juillet* 1830, *vous avez espéré que la France* « *pourrait être heureuse et puissante avec une dy-* « *nastie quasi-légitime.*

« Mais quelles différences énormes entre ces « deux révolutions !

« L'une a été faite par une aristocratie féodale « et puissante qui s'est réservé l'*omnipotence*, en « donnant la couronne à un prince qui, par son « génie et ses armées, exerçait une grande influ-« ence en Europe.

« L'aristocratie anglaise avait donc le plus grand « intérêt à conserver le roi et la dynastie qu'elle « avait placés sur le trône !

« La révolution de juillet 1830 a été préparée et « dirigée par des sociétés républicaines, par des « journaux révolutionnaires ; et la plus grande « partie des combattans se composaient d'élèves « des écoles, de jeunes gens, d'ouvriers, et même « de gens sans aveu et de repris de justice... vous

« les avez proclamés des *héros* : vous leur avez « décerné des récompenses nationales (qu'auraient « pu envier des militaires qui auraient servi pen- « dant trente ans et exposé leur vie dans cent com- « bats) : or, par cette conduite, vous avez fait « de l'émeute et de l'insurrection un *pouvoir anté- « rieur et supérieur* à l'autorité du roi des Fran- « çais ; et *jamais l'émeute n'admettra qu'elle « puisse aliéner sa souveraineté !*

« C'est à une émeute que le gouvernement ac- « tuel doit son existence ! et vous prétendez em- « pêcher désormais les émeutes !!

« Comment l'émeute qui fut légale pour détruire « une royauté de neuf siècles, pourrait-elle être « criminelle pour détruire la royauté qu'elle a « créée ?

« Vous avez voulu néanmoins établir l'ordre ! « et, d'abord, vous avez cherché *à satisfaire l'am- « bition et les vengeances des partisans de la sou- « veraineté du peuple*. Etablit-on l'ordre en satis- « faisant des vengeances ? mais l'ambition et les « vengeances des révolutionnaires sont insatia- « bles ! en vain vous leur avez abandonné, comme « une *curée*, presque toutes les places dont vous « pouviez disposer ; ils vous ont demandé la per- « sécution des catholiques et des légitimistes. « Vous êtes-vous refusés à ces persécutions ? les

« croix abattues; des églises profanées ou démolies;
« des prêtres insultés et chassés de leur église, de
« leur demeure et même de leurs propriétés; des
« visites domiciliaires ordonnées dans toute la
« France par le télégraphe; des arrestations et
« des perquisitions arbitraires; des assassinats
« impunis de catholiques, de légitimistes et
« d'hommes supposés réfractaires; des départe-
« mens mis hors de la loi commune; des colléges
« électoraux impunément envahis, pour empêcher
« des élections royalistes (comme si des électeurs
« royalistes pouvaient être privés du droit de
« nommer députés les hommes qui ont leur con-
« fiance); la suspension arbitraire de l'organi-
« sation de la garde nationale et des conseils mu-
« nicipaux, dans les lieux où la majorité des ci-
« toyens est catholique ou légitimiste; enfin
« l'exigence d'un serment qui est une violation
« des droits des gardes nationaux, ainsi que des
« électeurs communaux et des électeurs d'ar-
« rondissement : voilà vos actes!! et après avoir
« attenté, ainsi, aux droits des Français et à leurs
« libertés, vous prétendez rétablir l'ordre, calmer
« les ressentimens, faire aimer le gouvernement
« et rallier les légitimistes!!

« *Vous partagez nos regrets* (dites-vous), *vous*
« *voulez une monarchie. Vous pensez qu'elle ne*

« *peut exister sans institutions monarchiques ;*
« *vous êtes aussi fatigués que nous des émeutes et*
« *des insurrections*, et vous ajoutez : *ralliez-vous*
« *franchement à nous ; nos bras vous sont ouverts :*
« *et vous aurez contribué avec nous au bonheur*
« *de la France!*

« Si vous partagiez sincèrement nos regrets,
« serions-nous en butte à des persécutions ? *la re-*
« *ligion catholique* serait-elle *la seule religion qui*
« *ne fût pas protégée?* l'université conserverait-
« elle le monopole de l'éducation ? Mais admet-
« tons qu'entraînés par les révolutionnaires, vous
« gémissiez en secret de ces persécutions, et que
« vous désiriez des institutions monarchiques ! il
« ne dépend pas de vous d'en établir !

« Vous prenez pour modèle la révolution de
« 1688 ; mais, nous vous le répétons, *l'aristocra-*
« *tie anglaise avait le plus grand intérêt à affer-*
« *mir la dynastie à laquelle elle avait donné le*
« *trône.*

« *La révolution de* 1830, au contraire, *ne veut*
« *rien affermir. L'émeute et la force matérielle*
« *sont devenues le principe et la cause du gouver-*
« *nement actuel.* Elles ne reconnaissent ni la jus-
« tice, ni les droits acquis, et ne consentiront ja-
« mais à abdiquer le pouvoir qu'elles prétendent
« imprescriptible.

« Qu'importe à la France que vous soyez fati-
« gués des émeutes, si vous êtes condamnés à les
« subir ou à les combattre ! vous pouvez triom-
« pher momentanément, en répandant le sang
« des citoyens. Mais ce sang versé vous sera im-
« puté à crime ! car le principe de la souveraineté
« du peuple fait de l'émeute un droit, de l'in-
« surrection le plus saint des devoirs ; et vous de-
« vez le pouvoir à ce principe !!

« En vain vous croyez abattre l'émeute, elle re-
« paraîtra armée de son principe, et tel qu'un
« torrent dévastateur, elle franchira toutes les
« digues que vous aurez élevées, et sera d'autant
« plus terrible, dans sa vengeance, que vous lui
« aurez opposé plus de résistance ; après avoir re-
« connu vous-mêmes la souveraineté et les droits
« imprescriptibles du peuple.

« *La quasi-légitimité est donc impuissante pour*
« *rétablir l'ordre et consolider une monarchie !...*

« *Vous nous engagez à nous rallier à vous pour*
« *contribuer au bonheur de la France !*

« Le bonheur de la France est le but de toutes
« nos pensées ! mais en nous ralliant à vous, nous
« deviendrions *quasi-légitimistes*, et nous serions
« alors dans la même *impuissance* que vous d'être
« utiles à notre pays !!

« Notre devoir n'est donc pas de nous rallier à

« vous, car nous nous déconsidérerions, sans pou-
« voir servir la France : mais notre devoir est de
« rappeler sans cesse aux partisans de la souve-
« raineté du peuple et aux quasi-légitimistes, que
« le *conflit* élevé entre leurs doctrines, n'intéresse
« qu'eux; et que *s'il se termine par la force*, *les*
« *partisans de l'un de ces systèmes seront oppri-*
« *més et persécutés.*

« Nous dirons aux partisans de la souveraineté
« du peuple : Pouvez-vous disconvenir que votre
« principe, ses conséquences et ses développe-
« mens ne soient *antipathiques* avec la stabilité et
« la durée du gouvernement, quel qu'il soit;
« avec la paix au-dedans et au-dehors, et par con-
« séquent avec la jouissance *égale* des libertés et
« des droits publics, et avec la prospérité des
« classes industrieuses?

« Si vous êtes attachés sincèrement à la France,
« et si vous désirez son bonheur, reconnaissez
« donc que le principe de la souveraineté du peu-
« ple est une théorie mensongère qui ne peut rendre
« la France heureuse; et qui même ne peut pas
« faire le bonheur des hommes qui possèdent le
« pouvoir.

« Reconnaissez, enfin, que *le principe de la*
« *souveraineté du peuple est un principe de disso-*
« *lution et de mort!*

Nous dirons aux quasi-légitimistes : « depuis « quatorze mois que vous êtes à la tête du gou- « vernement, vos doctrines et vos efforts ont été « *impuissans* à mettre un terme aux émeutes :

« *Impuissans* à protéger la religion catholique :

« *Impuissans* à faire jouir tous les Français des « droits et des libertés qui leur ont été formelle- « ment promis :

« *Impuissans* à calmer les ressentimens et les « haines :

« *Impuissans* à ranimer la confiance et le cré- « dit, et à faire cesser la crise commerciale qui a « ruiné un très grand nombre de familles, et fait « chaque jour de nouvelles victimes :

« *Impuissans* à détruire la propagande révolu- « tionnaire :

« *Impuissans* à calmer les préventions des « souverains étrangers, et à les forcer de dé- « sarmer :

« *Impuissans* à consolider la paix, quoique « vous fassiez des concessions honteuses et con- « traires à la dignité et à la gloire de la France :

« *Impuissans* à diminuer les impôts et les char- « ges énormes qui, depuis la révolution de 1830, « accablent les Français :

« *Impuissans* à faire prospérer l'agriculture, « les arts, les manufactures et le commerce :

« *Impuissans*, enfin, à faire aimer, respecter « et affermir le gouvernement *quasi-légitime*.

« Convenez donc que vous ne pouvez pas jus-« tifier vos doctrines, et les imposer aux républi-« cains, ni aux légitimistes ;

« Que c'est en vain que vous prétendiez que la « révolution de 1830 n'était pas une révolution ; « et qu'effectivement cette révolution a fait triom-« pher la force sur la justice et le droit ;

« Que la *quasi-légitimité* devant son existence « au principe de la force, ne peut faire respecter « ni la justice, ni les droits acquis, ni donner à « la France des institutions durables et monarchi-« ques ; et que n'étant en définitive qu'une *espèce* « *de juste milieu entre la mort et la vie des socié-« tés, la quasi-légitimité ne conduit qu'à leur « agonie*....

« En 1830, vous avez fait le sacrifice de vos « doctrines pour sauver la France. L'avez-vous « sauvée ? Pouvez-vous espérer de la sauver ? Et « la possession du pouvoir a-t-elle fait votre bon-« heur ? Revenez donc aux principes et aux doc-« trines qui pourraient satisfaire les besoins légi-« times de la société.

« Descendez dans vos consciences ; elles vous « diront : Les illusions sont dissipées ; les doctri-« nes de la quasi-légitimité sont impuissantes pour

« faire le bien et pour empêcher le mal. Avec « elles, le gouvernement ne peut s'affermir ; les « peuples ne peuvent jouir de droits et de libertés « véritables, et ceux qui ont le pouvoir sont les « plus malheureux des hommes ! !...

« Achevez cet aveu, et reconnaissez avec nous « que si le gouvernement légitime fit des fautes, « et s'il ne satisfit pas tous les besoins de la société, « il avait nécessairement le désir de les satisfaire ; « car, bien qu'il soit le pouvoir supérieur, *il n'est* « *fort que par* LA JUSTICE. *Son intérêt est donc d'ê-* « *tre* JUSTE, de respecter les droits, de favoriser « l'accroissement et la consommation de toutes les « richesses ; en un mot, de rendre les peuples « heureux !

« Reconnaissez encore que le roi légitime peut « seul être juste à l'égard de tous, et se faire obéir. « Lui seul peut, sans crainte, utiliser toutes les « capacités, et pardonner les erreurs et même les « crimes politiques. Tous les hommes et les gou- « vernemens ont besoin réciproquement d'indul- « gence : tous ont fait des fautes, et ces fautes, « déja suivies d'un châtiment sévère, sont des le- « çons pour les peuples et les rois. Les uns et les « autres en profiteront.

« Ces vérités seront appréciées de tous les Fran- « çais, et nous n'avons pas à craindre d'opposition

« de la part de Louis-Philippe ! rappelons-nous « ses paroles :

« Je n'ai pas balancé à venir partager vos « dangers, et à faire tous mes efforts pour vous « préserver des calamités de la guerre civile et « de l'anarchie. *La charte sera désormais une vé-« rité*. (Proclamation du 30 juillet.)

« Aucune garantie de l'ordre social ne subsistait « plus. Les personnes, les propriétés, les droits, « tout ce qui est précieux et cher à des hommes et « à des citoyens, courait les plus grands dangers.

« Dans cette absence de tout pouvoir public, je « suis accouru *fermement résolu à me dévouer à « tout ce que les circonstances exigeraient de moi*, « dans la situation où elles m'ont placé, pour ré-« tablir l'empire des lois, *sauver la liberté mena-« cée*, et rendre impossible le retour de si grands « maux, *en assurant à jamais le pouvoir de cette « charte, dont le nom invoqué pendant le combat, « l'était encore après la victoire.*

« *Tous les droits doivent être solidement garan-« tis... Le respect de tous les droits, le soin de tous les « intérêts, la bonne foi dans le gouvernement sont « le meilleur moyen de désarmer les partis, et de « ramener dans les esprits cette confiance, dans « les institutions cette stabilité, seuls gages assu-*

« *rés du bonheur des peuples.* » (Discours du lieutenant-général du royaume, le 3 août 1830, à l'ouverture de la session des deux chambres.)

« *J'ai réfléchi mûrement sur l'étendue des de-*
« *voirs qui me sont imposés. J'ai la conscience de*
« *pouvoir les remplir, en faisant observer le pacte*
« *d'alliance qui m'a été proposé.*

« *J'aurais désiré vivement ne jamais occuper le*
« *trône;* mais *je cède* au vœu exprimé par les
« chambres au nom du peuple français, *pour le*
« *maintien de la charte et des lois.*

« *Les modifications que nous venons de faire à*
« *la charte, garantissent la sécurité de l'avenir,*
« *le bonheur de la France. Heureuse en dedans,*
« *respectée au dehors, en paix avec l'Europe,*
« elle sera de plus en plus affermie.» (Discours de Louis-Philippe aux deux chambres, le 9 août 1830.)

« En présence de Dieu, je jure d'observer fidè-
« lement la charte constitutionnelle avec les chan-
« gemens et modifications exprimés dans la dé-
« claration de la chambre des députés; *de ne gou-*
« *verner que par les lois et selon les lois;* de faire
« rendre bonne et exacte justice à chacun selon
« son droit, et d'*agir en toutes choses dans les*
« *seules vues de l'intérêt, du bonheur et de la*
« *gloire du peuple français.*» (Serment du roi devant les chambres, le 9 août 1830.)

« Louis-Philippe s'est donc dévoué *à tout ce que*
« *les circonstances exigeraient de lui;* mais a-t-
« il pu *assurer à jamais le pouvoir de cette charte*
« *dont le nom invoqué pendant le combat l'était*
« *encore après la victoire? La charte serait dé-*
« *sormais une vérité!* »

« Et trois jours après, cette charte était changée
« par la chambre des députés!

« *Tous les droits devaient être solidement ga-*
« *rantis!*

« Et il n'a pu empêcher ni le renverse-
« ment du pouvoir légitime, ni l'annulation de 93
« pairies!

« *Le respect de tous les droits, le soin de tous*
« *les intérêts, la bonne foi dans le gouvernement*
« *sont le meilleur moyen de désarmer les partis,*
« *et de ramener dans les esprits cette confiance,*
« *dans les institutions cette stabilité, seuls gages*
« *assurés du bonheur des peuples!*

« Cependant a-t-il pu empêcher la violation de
la liberté individuelle, de la liberté des cultes?
A-t-il pu protéger efficacement les intérêts religieux, les intérêts moraux et les intérêts matériels
et politiques? A-t-il pu ramener dans les esprits

la confiance, dans les institutions la stabilité, seuls gages assurés du bonheur du peuple ?

« Louis-Philippe *a réfléchi mûrement sur l'é-*
« *tendue des devoirs qui lui étaient imposés : il*
« *avait la conscience de pouvoir les remplir, en*
« *faisant observer le pacte d'alliance qui lui a été*
« *proposé !*

« Mais a-t-il pu s'opposer aux mesures exceptionnelles, aux actes despotiques et tyranniques, qui sont une violation du *pacte d'alliance qui lui a été proposé* ? Il n'a donc pu maintenir ni la charte, ni les lois !

« Louis-Philippe pensait que *les modifications*
« *faites à la charte de* 1814 *garantiraient la sécu-*
« *rité de l'avenir, le bonheur de la France ;*
« *qu'heureuse au dedans, respectée au dehors,*
« *en paix avec l'Europe, elle serait de plus en*
« *plus affermie..*

« Où est la *sécurité pour l'avenir ?*

« Louis-Philippe a-t-il pu faire jouir *tous les Français* des droits et des libertés qui leur sont garantis par la charte ?

« *La France est-elle heureuse au dedans?* lorsque Louis-Philippe n'a pu empêcher que la moitié de la France ne soit mise hors du droit commun, et que la plupart des légitimistes ne soient exclus des colléges électoraux, des assemblées communales et même des assemblées de gardes nationaux pour la nomination de leurs officiers (par suite de l'exigence d'un serment, qui est une violation du principe de la souveraineté du peuple; principe qui est la base de la charte du 7 août.)

« *La France est-elle heureuse ?* lorsque, depuis quatorze mois, le gouvernement de Louis-Philippe n'a pu mettre un terme à la crise commerciale (qui a ruiné un nombre énorme de familles), ni rétablir la confiance, ni le crédit public.

« *La France est-elle heureuse ?* lorsque le gouvernement l'accable d'impôts, et, par des actes arbitraires et des mesures vexatoires, semble exciter la guerre civile !

« *La France est-elle respectée au dehors, et la paix est-elle assurée ?* lorsque le gouvernement ne peut obtenir le désarmement des puissances étrangères; lorsque, pour conserver une paix *éphémère*, il leur sacrifie les peuples dont il a encouragé la révolte; enfin lorsqu'il a consenti qu'un prince anglais devînt roi des Belges !

« Louis-Philippe a juré *de ne gouverner que par*
« *les lois et selon les lois, et d'agir en toutes choses*
« *dans les seules vues de l'intérêt, du bonheur et*
« *de la gloire du peuple français.*

« Combien Louis-Philippe doit souffrir, lorsque son gouvernement a recours à des mesures exceptionnelles et à des actes despotiques ! *Il avait vivement désiré ne jamais occuper le trône !* Père d'une nombreuse famille, premier prince du sang, comblé de faveurs royales et des témoignages d'attachement de Charles X et de ses enfans, possesseur d'une immense fortune, il n'avait rien à désirer : il avait trouvé le bonheur dans le sein de sa famille et dans les soins qu'il donnait à l'administration de ses biens.

« Le rang suprême a des charmes, sans doute, lorsque l'on peut rendre les peuples heureux ; mais quels regrets, quelle anxiété et quel tourment doit éprouver le prince qui a perdu le bonheur, sans pouvoir faire celui du peuple ! Et en effet, *Louis-Philippe, en admettant le principe de la souveraineté du peuple, a reconnu qu'il devait le trône à une émeute. Une émeute peut donc le lui ôter ! Et l'émeute est désormais un pouvoir antérieur et supérieur à son autorité ! !*

« Cherchera-t-il à faire prévaloir les conséquences et les développemens du principe de la souveraineté du peuple ? Non : car la *souveraineté du peuple est un principe de destruction, de dissolution et de mort....*

« Cherchera-t-il à imposer les doctrines de la

quasi-légitimité ? Et le doit-il ? lorsque *ces doctrines, espèce de juste milieu entre la vie et la mort, conduisent à l'agonie de la société.*

« S'il penche vers la souveraineté du peuple, la société se dissout et meurt ; s'il fait prévaloir la légitimité, il sauve la société : elle retrouve alors la santé et le bonheur.

« Le choix de Louis-Philippe ne peut donc être « douteux ! Et pourrions-nous supposer qu'il n'agira « pas *dans les seules vues du bonheur et de la* « *gloire de la France*, lorsque, répondant au con- « seil municipal de Nancy, il a dit : *J'ai toujours* « *pensé qu'il n'y a de gouvernemens solidement* « *établis que ceux qui s'identifient avec les inté-* « *rêts nationaux, avec la gloire et les libertés de* « *la nation.* LORSQU'UN GOUVERNEMENT S'APERÇOIT « QU'IL NE PEUT PLUS AGIR CONFORMÉMENT A CES IN- « TÉRÊTS, IL DEVRAIT ABDIQUER DE LUI-MÊME. VOILA « QUELS SONT MES SENTIMENS.

. . . .

« Quant aux républicains, aux quasi-légitimis- « tes et aux légitimistes, c'est par l'aveu mutuel de « leurs fautes que leur réconciliation doit avoir lieu.

« Que les fautes mutuelles soient reconnues ;

« Que les illusions cessent ;

« Que les préventions et les préjugés se dissipent ;

« Que la règle de tous soit désormais la justice,

« la légalité et la légitimité : car elles seules peu-
« vent faire le bonheur de la France. Nous sommes
« tous ses enfans, agissons donc en frères ; oublions
« nos ressentimens et nos divisions. Dans quelque
« rang que la providence nous ait placés, soyons
« utiles les uns aux autres ; ne formons qu'une
« même famille, et cimentons à jamais notre
« union, en proclamant le principe conservateur du-
« quel dépend la prospérité et la gloire de la France...

« Eh ! quel motif de confiance n'aurions-nous
« pas dans l'avenir !

« Henri V et sa mère n'appartiennent-ils pas à
« la jeune France ! nés sans préjugés et sans pré-
« ventions, ils se rappelleront que les vertus des
« grands rois les rendent immortels. Ils invoque-
« ront les mânes de leurs aïeux, et ils suivront
« leurs conseils et leurs exemples.

« Blanche, mère de St.-Louis, deviendra le
« conseil et le modèle de la mère de Henri V.

« St.-Louis apprendra au jeune roi que la reli-
« gion est la base de la justice et de l'ordre ;
« qu'elle inspire le courage, l'héroisme et la gran-
« deur d'ame ; que, sans la religion, il n'existe
« ni liberté, ni civilisation ; et qu'un roi vraiment
« chrétien fait le bonheur de ses peuples et de-
« vient l'arbitre des rois.

« Charles V lui dira comment la sagesse et la « fermeté en imposent aux factieux, et les force « de respecter l'ordre.

« Charles VII, comment il a chassé les étran« gers qui avaiens envahi la France.

« Louis XII, comment il a mérité le titre de « père du peuple.

« François Ier, comment il cultiva et encoura« gea les arts.

« Henri IV, comment par la prudence et la « clémence, par la bravoure et la témérité, par « par la justice et l'ordre, et en protégeant tous les « arts et notamment l'agriculture, il sut conqué« rir les cœurs, et rendre la France la première « nation de l'Europe.

« Louis XIV, comment il sut choisir ses mi« nistres, faire respecter la France, agrandir son « territoire, favoriser les sciences, les arts et le « commerce, mériter le titre de grand, et donner « son nom à son siècle.

« Enfin, Louis XVI et le duc de Berry, com« ment les rois et les princes pardonnent et meu« rent en chrétiens.

« Quelle est grande la puissance des souvenirs! « et qu'une nation a d'élémens de prospérité et « de grandeur, lorsqu'à la suite de ses rois, elle « trouve des ministres, des magistrats, des mi-

« litaires, et dans tous les rangs de la société des « hommes qui ont immortalisé, ou au moins ho- « noré leurs noms, en devenant les bienfaiteurs « ou les défenseurs de l'humanité! Ces glorieux « souvenirs ne feraient-ils pas revivre parmi « nous les vertus et le génie? Suger, Sully « et Colbert, vous deviendriez les modèles des « ministres de Henri V; l'église verrait renaître « des Bossuet et des Fénélon; la magistrature au- « rait des Lhopital, des Harlai et des d'Agues- « seau. L'armée, des Bayard et des Turenne; la « marine, des Duquesne et des Jean-Bart; les let- « tres, des Corneille et des Racine... ainsi, tous « les Français, prenant pour modèle et cherchant « à surpasser, ou au moins à égaler les hommes « qui ont honoré leur état ou leur profession, une « noble émulation animerait tous les cœurs : la « France, alors, serait heureuse et puissante, par « l'union de ses habitans, par leur esprit public « et par leurs richesses... et c'est alors que le roi « légitime et son peuple pourraient dire : *c'est,* « *entre nous, à la vie et à la mort!!*

FIN.

www.ingramcontent.com/pod-product-compliance
Ingram Content Group UK Ltd.
Pitfield, Milton Keynes, MK11 3LW, UK
UKHW021046200726
13857UKWH00003B/844